中村天風『運命を拓く』を読む

池田 光

三笠書房

はじめに

大谷翔平選手の愛読書『運命を拓く』のすべてがわかる！

中村天風の名著『運命を拓く』とは、**天風の悟りが集約された一冊**だ。

天風の教えのなかでも、最高峰とされる「**真理瞑想行**《しんりめいそうぎょう》」の内容が書かれている。

その名のとおり、目を瞑《つむ》って天風が悟った「真理の言葉」を聞き、黙考《もっこう》するというのが真理瞑想行である。

聴講者は坐禅の姿勢をとり、雑念や妄念を払って心を整える。やがて、あの錆《さび》のある天風の声が響き、宇宙、生命、人間、そして人生についての真理が語られる。

このとき、聴講者は天風の言葉をノートに筆記することはおろか、わずかにメモを取ることすら許されなかった。

天風の言葉を、ただ黙って「聞く」。

そして、真理を自得したなら、その真理に則して生きる――。

これが真理瞑想行の目的である。

だから、そもそも真理瞑想行に関する書籍は存在しなかった。

ところが、天風が没すると、状況は一変する。あの独特な真理瞑想行が行なわれなくなったことで、弟子たちから文字化に対する要望が高まったのだ。

こうした経緯から誕生したのが、『天風瞑想録』である。その後、『運命を拓く』（講談社）と改題して出版されるや、多方面から歓迎され、ロングセラーとなった。メジャーリーグで活躍する**大谷翔平選手の愛読書**としても知られている。

真理瞑想行は、天風が各地で実施した修練会のメインプログラムであった。最高峰の教えであるにもかかわらず、これまで詳しく紹介されていなかった。

なぜか？　表現はわかりやすくても、中身は難解だからに違いない。

もともと、真理瞑想行は〝瞑目して聞く〟ものだった。が、天風の死後に文字化されると、「耳で聞く→目で読む」へと、認識手段が移行した。

耳で聞いていたころ、天風の教えは心に響いた。ところが目で読むようになると、理解しようと頭が働く。心と頭の認識の差をどう埋めればいいのか？

じつは、今も定まった読み方はない。

文字化に力を尽くした弟子は、「熟読をおすすめします」と語るだけ。誰もが戸惑っている、というのが本当のところではないだろうか。

本書では、真理瞑想行とは何か？　天風がどう〝真理〟を授けようとしたのか？をつぶさにふり返り、そのうえで『運命を拓く』の読み方を提案する。

本書がはじめての「本格的な解説書」となる。

また、本書には、前著『中村天風　怒らない　恐れない　悲しまない』の続編的な性格もある。前著では、天風が創案した〝心身統一法〟をわかりやすく解説した。が、たったひとつ、真理瞑想行についてはふれることができなかった。

本書では、真理瞑想行を心いくまで解説した。**前著とあわせることで、天風の教えが完結する**。なお、前著を読んでいない人も、ご安心いただきたい。本書でそのエッセンスを紹介した。

このように、心身統一法の全体像を示すという狙いもある。

さて、本書は、大きく二つに分かれる。

1章～2章では、『運命を拓く』という書籍の成り立ちからその教えまでを一つずつ紐解いていき、具体的な読み方を提案する。

3章～6章では、『運命を拓く』の十数章を、**大胆に四つのテーマ**――**「積極人生」「生命躍動」「運命好転」「宇宙真理」**――**に集約**して、わかりやすく解説する。

「心が積極的になると、すべての問題が消える」「強く信じれば、実現したも同じ」「こだわらなければ、自由でいられる」「悲しみは、明日に先送りしてしまえ」などなど、天風の言葉を取り上げながら、天風哲学の真髄・真理瞑想行をわかりやすく解説する。

天風の著述書のなかでも、『運命を拓く』は多くの読者に生きる力を与えた。本書によって、各段にこの本が理解しやすくなるはずだ。

こうして『運命を拓く』の理解が進んでこそ、天風を精神的支柱にすることができるだろう。どうか、本書がそのお役に立つよう願っている。

池田　光

中村天風『運命を拓く』を読む

◇

もくじ

1章　名著『運命を拓く』は、どう読めばいいのか？

2章

天風最高の教え「真理瞑想行」とは何か？

3章

「積極人生」の言葉――心の持ち方ひとつで、人生は変わる

4章

「生命躍動」の言葉——悩まない、恐れない、心配しない

5章

「運命好転」の言葉 心に「最高の絵」を描いてみよう

6章

「宇宙真理」の言葉――真理は自分のなかにある

宇宙真理の言葉

本文DTP／佐藤　正人（オーパスワン・ラボ）

1章

名著『運命を拓く』は、どう読めばいいのか？

1

多くの成功者が『運命を拓く』を愛読する理由

中村天風の著述のなかでも、最も読まれているのが『運命を拓く』であろう。原題を「天風瞑想録」という。ヨーガの里で天風が悟った〝真理〟のすべてが集約された一冊だ。

メジャーリーグで活躍する**大谷翔平選手の愛読書**でもある。彼が『運命を拓く』に出合ったのは、花巻東高校の硬式野球部に在籍していたころだという。それから少なくとも五年以上が経った二〇一七年、メジャーへの挑戦を控えて、改めてこの本を手に取ったようだ。

「一回読んだだけでは、その本から得られるものは三〇～四〇（％）くらいだと思う。二回、三回、読むことによって、もっと違う捉え方ができる」（『日刊スポーツ』）と大谷。この本を再読することで、挑戦への決意を固めたのであろう。そして、二〇一八年にア・リーグ新人王に輝くと、大谷が読んだ本として、『運命を拓く』は俄然、注目されるようになった。

大谷だけではない。天風の教えは、松下幸之助、稲盛和夫をはじめとする一流の経営者や多くの成功者を魅了し、心の支えとなった。なかでも『運命を拓く』は、精神性の高さが際立っている。本書では、この本をもとに、天風が解き明かした〝**人生に絡《から》まる宇宙真理**〟を解説していく。

では、著者の中村天風とは、どんな人物なのか。

彼は、一八七六（明治九）年に東京で生まれた。ある偶然からカンチェンジュンガ山麓のヨーガの里で修行し、日本初のヨーガ直伝者となる。後年、心身統一法を創案。その教えは**「天風哲学」**と呼ばれ、多くの人々の精神的支柱となった。逝去したのは、一九六八（昭和四十三）年。その時代に、なんと九十二歳という長命を得た。


日露戦争が終結した翌年の、一九〇六（明治三十九）年――。

満州における軍事探偵の激務を終えた天風は、陸軍の高等通訳官という新たな任務に就いていた。三十歳という若い体には、気がみなぎっていた。

ある日の朝、天風はいつものように顔を洗っていると、胸の奥から何か込みあげてくるものがある。次の瞬間、息詰まるようにして喀血した。洗面台が鮮血に染まる。奔馬性《はんばせい》肺結核にかかっていたのだ。馬が疾走するように激しい勢いで病状が進んでいくことから〝奔馬性〟と名づけられた結核である。

まだ治療法が確立していない明治末期に〝結核〟と診断されることは、**死を宣告されるに等しい**。軍事探偵の激務によって、いつのまにか、天風の体はむしばまれていたのだろう。

当時の結核の最高権威と言われた北里柴三郎《きたざとしばさぶろう》の治療を受けるが、好転しそうにもない。結核が治療可能になったのは、第二次大戦後のこと。抗生物質であるペニシリンが実用化されてからだ。

ある夜のこと。病の床にあった天風を、母が見舞ったことがあった。母は息子の気分を少しでも明るくしようとして、

「見てごらん。きれいなお月さまだよ」

と声をかける。そして看護の者に頼んで、月が見える縁側に布団を引き寄せるようにした。

しかし天風は、縁側に背を向けたまま黙っていた。しばらくして、母は何も言わず

に、布団をもとに戻させた。

天風は、月に背を向けた。が、月に背を向けただけではない。病に屈して心が弱り、母にまで背を向けてしまったのだ。このささやかな出来事は、天風には大きな事件だった。

「オレは何という罰当たりなことをしたのだ」

みずからを責めた。前向きな生き方を求める気持ちが強くなる。

ある日、見舞いに来た竹馬の友が差し入れた本に、天風は救いを見出した。その本は、アメリカの著作家オリソン・スウェット・マーデン著『如何にして希望を達す可《べ》きか』というタイトルの原書だった。まだ日本語に訳されていない。天風は、この本の最初に書かれていた次の言葉に刺激された。

「不幸なるかな、人々の多くは人間の弱い方面のみ考えて、強い方面を考えない」

読みふけった。十回読んだという。マーデンに会って、じかに教えを受けたいと考えるようになった。次第に決意を固めていく。

しかし、結核患者に渡航の許可はおりない。つてを頼って、孫文の親戚になりすまし、天風は「孫逸郎《そんいつろう》」と名前を変えてアメリカに渡ることに成功する。

希望に心を躍らせて、期待のマーデンを訪ねた。ところがマーデンは理屈を説いてはいたものの、「こうすればいい」という方法論を備えてはいなかった。天風が求めていたのは、心を強くする実践的な方法だった。

このころの病状は、まだ小康を保っていた。天風は失望する間もなく、コロンビア大学で医学を学ぶ。その後、イギリス、フランスへと求道の旅を続けた。しかし、フランス滞在中に肺結核が悪化する。死を覚悟した三十四歳の天風は、

「オレは文明が発達した欧米に救いを求めたが、答えは得られなかった。どうせ死ぬのなら、桜の国、富士の山がある故郷の日本で死のう」

と、帰国を決意する。

その途上のことだ。ふとした偶然からヨーガの聖者カリアッパ師に出会う。

聖者は、手招きして天風を呼び寄せた。

「おまえは助かる運命にある。それを自分で死のうとする。こんな慌て者があるか」

続けて、

「私についてくるがいい」

その言葉には確固とした響きがあった。

聖者に導かれるようにして、天風はカンチェンジュンガのふもとにあるヨーガの里に入る。『運命を拓く』に著わされている内容は、**天風がヨーガの里で悟った真理**だ。

では、何を悟ったのだろうか。

2

「生かされて、生きる」——中村天風の悟り

ヨーガの里で、天風は日課のように瞑想していた。

瞑想とは、目を瞑《つむ》って師から与えられた課題を考えるという行修である。正しい答えを自得すれば、すぐに終わる。しかし見つからなければ、何カ月も、何年であっても考え続けるのだ。

ある日、聖者カリアッパ師は難題を与えた。

「天の声を聞け」——これが課題であった。**三カ月ものあいだ、天風は考え続けた**。が、天の声は一向に聞こえてこない。半ば諦めると、ゴロンと仰向けになった。

空には悠然と雲が漂っている。ゆっくり変化していく雲の形……。どれほどの時が

経ったであろうか。ふと気づくと、天風の耳にはいろいろな音が聞こえながら、心はいつしか音から離れていた。聞こえてくる音から、心は自由であった、静かであった。そうか、と天風は気づく。「天の声を聞く」とは、**静寂を聞く**ことだったのだ。

カリアッパ師は、天風が課題を通過したことを認めると、「天の声を聞いたときには、本然の力が湧くのだ」と教えた。続けて語る。

「時にふれ、折にふれて、心に天の声を聞かすようにしろ。つまり、声なき声のあるところこそ、心の本当のやすらぎの場所だ。たまには心をやすめてやれ。そこに心をやすませてやると、いっさいの迷惑が心にかからない。すると、心はすぐ本然の力が命のなかで働きだすようにしてくれる」(『盛大な人生』)

心を天の声と同化させると、本然の力が湧く。

その力の源泉こそが、大いなる宇宙を創造した根本主体だ。天風哲学では、宇宙の根本主体のことを〝**宇宙霊**〟と呼んでいる。

そもそも、宇宙霊とは、天風がつけた名称である。立場によって、呼び名は変わるだろう。神、仏、造物主などと呼んで差し支えない。

天風がヨーガの里において修行したのは、約一年半ほどだ。この期間で天風が悟ったこととは、宇宙霊が森羅万象を誕生させ、**あらゆる存在は宇宙霊とつながっていて、宇宙霊によって生かされている**、ということだ。整理しよう。天風の悟りとは、

「わが生命は、この宇宙を成り立たせている〝宇宙霊〟と通じている」

「本当の自分とは、宇宙霊から分派（生まれること）した尊い存在だ」

ということである。

宇宙霊を実感することは、「**他力**《たりき》」を悟ることである。

他力とは、大いなるものに〝生かされている〟という感覚である。自分をもひっくるめて包み込んでいる、超越した力を信じることだ。

天風哲学における他力とは、宇宙霊にほかならない。宇宙霊から、**わが生命に宇宙エネルギーが注ぎ込まれる**。そのとき、「私は力だ」、さらには「私は力の結晶だ」という実感が湧きあがる。

これに対して、自力とは、みずからのはからいによって〝生きる〟ことである。し

かし、誰の世話にもならず、みずからの力だけで〝生きる〟という小さな自力であっては、あのやっかいな肺結核を克服することはできなかったであろう。――当時、結核は医者の手に負える病ではなかった。滋養があるものを摂って肉体を養わなければ結核に負けてしまう、というのが常識であった。

しかし、ヨーガの里では違った。なんと、水でふやかした稗《ひえ》を、バナナの葉のうえに盛って、手ですくって食べる。これが主食という粗末な環境だった。

疑問を感じた天風は、

「こんなカロリーが少ない食事だけで、よく病むことなく生きてますね？」

と質問した。聖者カリアッパ師は答える。

「私たちは気で生きているのだ。肉体で生きていると食い物が必要になるが、気で生きているから乏しくても大丈夫なのだ」

師が教えようとしたのは、何だったのか。宇宙霊と同調して**積極的に生きるとき、心身に〝気〟が吸収され、生命力が旺盛になり躍動する**ということだ。肉体を強壮にする滋養食ではなく、〝気〟の生き方が肺結核の進行を止めた。これが、他力に生かされるという生命観である。

この生命観は、命は肉体に宿っているという、肉体主体の閉じられた考え方、すなわち宇宙霊と切り離された生命観とはまったく違ったものだ。この気づきが、肉体の力だけで何とかしようと藻掻《もが》いていた、これまでの天風の〝小さな自力〟を超越させた。

しかし、天風の悟りは、他力（宇宙霊）に目覚めたところで終わったのではない。天風哲学の最大の特色は、他力に目覚めて生命力が強化されたなら、次には**自分の人生に責任を持って積極的に〝一歩を踏みだす〟**ところにある。

一歩を踏みだすとは、他力から注がれた宇宙エネルギーを得て命を膨らませ、この一回かぎりの人生を見事に築きあげようとすることだ。その具体的な方法として、後述する「観念要素の更改法」「積極精神養成法」「クンバハカ法」などを、天風は創案した。

一般的に、宗教の場合は〝生かされている〟という他力の段階でおしまいだ。このときの他力とは、神様や仏様という超越した存在に帰依《きえ》すること。

天風哲学では、宇宙霊によって〝生かされている〟という他力を自覚したうえで、みずからが一歩を踏みだして〝生きる〟ところに特徴がある。

この一歩が〝積極〟である。

まとめると、天風哲学とは、他力と自力を統合した〝**生かされて生きる**〟という人生哲学にほかならない。

3

人生を支配する「絶対的な真理」とは？

『運命を拓く』には、こうした天風の悟りが十数章にわたって説かれている。

では、天風がつかみ取った悟りが、なぜ真理だと言えるのか。

その根拠のひとつは、当時の医学では、どうすることもできなかった奔馬性肺結核を、ヨーガの里での生活や修行のなかで進行を止めることができた、という天風自身の実体験にあるだろう。

この体験は天風だけにとどまらない。ペニシリンが実用化される前、結核に悩んでいた多くの人々が天風のもとに集まり、天風のやり方で救われた。つまり、ヨーガの里でつかみ取ったやり方は、天風の身に起こった一回かぎりの奇跡ではなく、**同じ悩**

みを抱えた人々にも再現が可能であった。この再現可能性によって真理だと言える。

実際、筆者が若いころに出会った天風門下の何人もの方々から、「天風先生の指導で結核を乗り越えた」という体験談を聞かされた。

しかし、天風の悟りは、理性で証明できるものではないだろう。二十世紀の初頭に、ある哲学者は、

「語り得ぬものについては、沈黙しなければならない」（『論理哲学論考』）

と、結論づけた。語り得ぬものとは、神の存在証明や、倫理の問題である。これらは理性では証明することができず、その意味で黙るしかない。ところが天風は、

「語り得ぬものについては、霊性によって悟り得る」

と考えた。

霊性とは、理性（真偽を識別する能力）に対する用語で、**雑念や妄念を除いた〝きれいな心〟**になったときに現れる能力だ。

ヨーガの里での修行によって、天風は霊性を獲得した。そして、この能力によって真理を悟った。理性では語れない＝証明できないものも、霊性なら悟ることができる。

私たちも霊性に達すれば、〝人生に絡まる宇宙真理〟をつかみ取り、この真理のもと

に生きることができるということだ。

天風によれば、人間には「本能心→理性心→霊性心」といった心の段階がある。

◎**本能心**――「眠りたい」「食べたい」など、欲望を満たしたいという心。

◎**理性心**――真偽を識別する能力を備えた心。疑い、批判し、理解する心。

◎**霊性心**――雑念や妄念を除いた〝きれいな心〟。宇宙霊とつながった〝霊魂〟から発した心。〝本心〟ともいう。

人は、本能心よりも理性心、理性心よりも霊性心へと深まることによって、その意識レベルに応じた〝真理〟をつかむことができる。このように、意識を前述の矢印の方向へと進めることを「**意識の深化**」(筆者の用語)と呼ぶことにしよう。

理性心でつかめるのは、理性によって理解できる真理である。それは、科学によって証明できる真理にほかならない。では、〝人生に絡まる宇宙真理〟については、どうだろう……。

意識が深化するにしたがって、見える世界は違ってくる。

天風が実感した真理、天風が悟った真理をつかむには、**霊性心の意識レベルに達することが必要**だ。霊性心の意識レベルでこそ、〝人生に絡まる宇宙真理〟を自覚することが可能になる。

だから天風は、語り得ぬものを語ろうとした真理瞑想行《しんりめいそうぎょう》において、聴講者に〝きれいな心〟になることを求めた。この心に向って、天風は〝人生に絡まる宇宙真理〟を諄々《じゅんじゅん》と語ったのである。

理性対理性のコミュニケーションでは〝理解〟が成り立つ。このレベルを超えた、霊性対霊性のコミュニケーションでは、〝悟り〟に至ることができる。後者のコミュニケーションこそ、真理瞑想行にほかならない。

ただ、聴講者は天風の言葉を従順に受け取るという一方通行ではない。路傍《ろぼう》の石を二個拾って、二つをカチンと打ち当てれば火花が散る。これを「石中火《ひ》あり、打たざれば発せず」という。霊性対霊性のコミュニケーションには、ときに、二つの石をぶつけるような激しさがある。〝きれいな心〟には、真理を見分ける能動性が備わっている。瞑目して天風の言葉を聞き、黙考した最中《さなか》、魂に火花が散る。これが悟りだ。

4

天風の「真理の言葉」は、読むものではない!?

次に、『運命を拓く』という本が、どういう経緯で出版されたのかを見ておこう。この本は、天風が没してから出版された。一九六八（昭和四十三）年に天風は逝去する。享年九十二。

天風が指導した修練会の山場は、安定打坐法《あんじょうだざほう》であった。坐禅の姿勢のまま、引き続き行なわれる真理瞑想行に至って、最高潮に達した。

◎安定打坐法（天風式坐禅法）――ブザーの音による坐禅法によって、心をきれいにする。つまり、雑念や妄念を払って、霊性心を顕わす。

◎真理瞑想行（天風式瞑想行）――きれいな心で、天風が悟った「真理の言葉」を聞く。すると、霊性心が能動的に〝真理〟を迎え、真理に悟り入る。この悟り方を、理入《りにゅう》（後述）という。

天風が没してからも、安定打坐法は行なわれ、現在も続いている。誰でもが実施できるよう標準化された実践法だからだ。

しかし、真理瞑想行となると、そうはいかない。天風（悟った人）でなければ、できなかった。もはや天風のあの独特な語り口調をライブで受けることはできない。この喪失感は大きかった。門人たちの多くが、あの魂が揺さぶられるような感動をもう一度味わいたい、と願っていた。

ところが、天風は生前、真理瞑想行を指導したとき、彼が語る「真理の言葉」をノートに筆記することを固く禁じていた。というのは、筆記する行為は、理性を働かせるからだ。

真理瞑想行は、**霊性心に直接語りかけようとする伝達法**である。そのためには、理性の働きを抑えることが必要条件となる。理性を抑え、意識を〝理性〟から〝霊性〟へと深化させて、霊性対霊性のコミュニケーションを行なう。このとき、天風が悟った〝真理〟をそっくりそのまま伝授するというのが、瞑想法であった。

では、天風の言葉はどこにも記録されることなく、残されていないのかというと、そうではない。じつは、各地の支部において録音されていた。この記録を読みたい、という要望が高まっていたのだ。

「せめて、天風先生のお言葉を文字化しようではないか」

と、ひとりの弟子が作業を始めた。

その弟子はまず、録音された天風の語りを、そのまま文字に起こしてみた。しかし、文章になったものを読むと、何かが違った。どこか物足りなさがあった。

文字には音声がない。文字から受ける印象は、耳で聞いたリズムとかけ離れていた。あの独特な錆《さび》のある声が消え、天風の語りにあった間《ま》が失われていた。この違和感を補えないものか。

弟子は、二つの作業を行なった。

ひとつは、天風の自宅で発見された直筆の「真理瞑想行」の原稿によって、文字化した語りに工夫を加えることであった。天風の直筆原稿には、何カ所も赤のペン字で修正が施され、紙を継いで補足が書き加えられていた。

もうひとつは、京都支部や神戸支部など、各地で録音された「真理瞑想行」の音源から肉づけしていくことだった。昔のオープンリールのテープレコーダーが使われていた。これを聞いては止め、聞いては止めしているうちに、一台が壊れたという。

こうした努力によって、天風が逝去して約五年後の一九七三(昭和四十八)年に、『天風瞑想録』「いのちの力」という小冊子が発行された。

この「いのちの力」は、『運命を拓く』の第一章「生命の力」に相当する。その後も真理瞑想行の言葉は次々に小冊子として発行され、門人たちに読まれた。

そして十五年の歳月を経て、小冊子は**『天風瞑想録』**(天風会)という豪華本にまとめられた。

後年、『天風瞑想録』の文章に修正が加えられ、より引き締まった文体となって、講談社から一冊の本が発売された。『運命を拓く』である。この本がハードカバーの単行本として出版されたのは、一九九四(平成六)年のこと。その後、手軽な文庫本が出版されると広く行き渡り、多くの読者が手に取った。

最初の小冊子から二十年以上が経過して、『運命を拓く』という本が誕生したのだ。この本のサブタイトルに「天風瞑想録」とあるのは、もともとの書名の名残りである。

以上のような経緯で出版された『運命を拓く』という本は、したがって中村天風が執筆したもの(天風著)でも、講演の記録をそのまま文字起こししたもの(天風述)

でもない。

天風がみずから筆をとった本には、天風会が発行している『真人生の探究』や『研心抄』などがある。どれも文語調で、今の人には読みにくさがある。

また、天風が講演で語ったものが録音され、これをそのまま文字起こしした本には、『成功の実現』や『盛大な人生』などがある。

以上のどちらでもない『運命を拓く』という本は、あえて言うなら、天風の真理瞑想行をじかに受けた弟子たちによって、あの感動の印象に近づけるよう加工された書物である。

生前の天風のイメージに近づけるよう練りあげられた文章。天風の独特な錆のある声がなくても、当時の講演を彷彿させる語り口調の再現——。

それは、天風に接した**弟子たちの努力の産物**である。そんな独特な位置を占めているのが、『運命を拓く』だ。出版されると多くの人々に読まれ、ロングセラーとなった。

ＰＨＰ研究所から出版された、中村天風『力の結晶』という一冊がある。サブタイトルは、「中村天風真理瞑想録」。この本は、天風が各地で行なった真理瞑想行の言葉をそのまま文字起こししたものだ。天風のオリジナルの語りに近い。

『運命を拓く』と『力の結晶』の両書を比べると、同じ内容が語られながら、印象はかなり違う。

この印象の違いが、『運命を拓く』の独特なポジションを物語っている。**こうあってほしいという理想の天風像への憧れ**が、『運命を拓く』には込められている。

整理しておこう。

◎一九六八（昭和四十三）年——天風逝去。
◎一九七三（昭和四十八）年——『天風瞑想録』の小冊子「いのちの力」発行。
◎一九八八（昭和六十三）年——豪華本『天風瞑想録』（天風会）刊行。
◎一九九四（平成六）年——『運命を拓く』（講談社）ハードカバー刊行。
◎一九九八（平成十）年——『運命を拓く』（講談社）文庫本刊行。
◎二〇二〇（令和二）年——『力の結晶』（ＰＨＰ研究所）刊行。

5

『運命を拓く』の正しい読み方

こうして『運命を拓く』や『力の結晶』といった本によって、書物の形で「真理の言葉」が読めるようになった。しかし、〝読む〟という行為には、理性が働く。本来、瞑想行では目を閉じる。そして、天風の「真理の言葉」を深いレベルで聞き、悟るはずであった。実際、**瞑想中はメモを禁じられ、きれいな心になって、ただ聞くだけ**。このように〝耳〟が重視されていた。

ところが、書物の形で読めるようになった結果、〝耳〟から〝目〟へと認識手段が移行することになった。

ここで問題が発生する。読むと、頭（前頭葉）が働く。すると、**悟りではなく、理解になってしまうという問題**だ。

たとえば、筆者は天風の悟りを追体験したいから『運命を拓く』を読むのに、皮肉にも〝読む〟という理知的な行為によって、追体験から離れてしまう。この矛盾をどうすればいいのか。そこで、読み方を提案したい。

まず、筆者の読書体験から語ることにしよう。

四十数年も前の、ずいぶん昔の話だが、そのころはまだ『運命を拓く』は出版されていなかった。その前身となる『天風瞑想録』と題した小冊子を、若かった筆者は一冊ずつ読んでいった。

どちらかと言えば、理性的な読み方をしていたと思う。科学的な精神は、現代の通念である。証明できないところは判断を控えつつ、天風が教えている〝生き方〟に焦点を当てて読んでいた。

小冊子のなかで、天風はしばしば「宇宙真理」を語っている。これがなぜ真理だと言えるのか、根拠は何かと疑いはしなかったが、その手前でとどまっていた。そして、「天風先生はそう悟り、そう考え、そう教えているのだ」と、天風に起こった事象として理解した。そんな読み方をしていた。

何度目かの再読をしたとき、自分が読んで理解したことは、自分が読んでいる意識と相関関係にあるのではないか、と気づいた。たとえば、

「低い意識レベルで読むと、低いレベルの把握しかできない」

ということだ。また、

「理性的な意識で読むと、理性によって理解できる範囲にとどまる」

ということでもある。逆に、天風があれほど〝真理〟だと語っているなら、〝真理〟だと実感できる意識レベルがあるのではないか、と想定した。

そう気づいたとたん、『運命を拓く』の冒頭に掲げられた「真理瞑想行について」という短文の意味がのみ込めた。このことに気づいて読むと、この短文には〝意識レベル〟が説かれていたのだ。

真理瞑想行の際は、**〝きれいな心〟という意識レベルで「真理の言葉」を受け取ってほしい**——これが、天風が読者に投げかけた思いであった。この思いを受けとめずに『運命を拓く』を読むと、正しく読み通すことはできない。そこで、本書2章では、この短文をわかりやすく解説する。

実際、**意識レベルに気づいてから筆者の読み方は劇的に変化**した。以上をふまえたうえで、『運命を拓く』や『力の結晶』をどう読めばいいかを提案しよう。

次のように、三種の読み方をするというのは、どうだろう。

◎一回目は、普段読んでいる感じで読む。
◎二回目は、理性心で読む。
◎三回目以降は、霊性心で読む。

一回目は、あれこれ考えず、普段の調子で『運命を拓く』を読めばいい。はじめからすんなり読めて感動する人と、どこかに抵抗を感じる人に分かれるだろう。

抵抗を感じた人は、二回目の理性心で読む際はフルに理性を発揮してほしい。正しく理解するために、**疑い、批判し、言葉の奥を読む**。つまり、熟読する。本書の3章~6章が参考になるはずだ。

ただ、疑いのための疑いや、批判のための批判は、自分の利益にはならないだろう。目的を間違えなければ、理性心で読む価値は高い。

三回目以降は、**霊性心で読む。この読み方が、本来の読み方**である。また、ここにウエイトを置いてほしい。

霊性心で読むには、読む前に坐禅をするなど、雑念や妄念を除くことが望ましい。そして、〝きれいな心〟になって、真理を受け取るように読む。このことを天風は、「心を安定打坐にする」（57ページ）と言っている。

ここで急ぎ、加筆しておこう。「霊性心で読む」と書いたが、この読み方を物理的に行なうことは不可能であろう。少なくとも、筆者にはできなかった。読むことは、つねに理性を働かすことだからだ。

では、「霊性心で読む」とはどういうことか。

実際に『運命を拓く』という本を開いて、この本を霊性心の状態で読みなさい、ということではない。正確に言うと、**「記憶のなかの『運命を拓く』を読む」**ことだ。

手順を示そう。

まず、「理性心で読む」という段階を経ていることが前提。つまり、理解しようとあれこれ考えながら熟読する。すると、理解したい問題が、具体的な〝問い〟の形となって記憶されるはずだ。たとえば、

「宇宙霊とは何か？　どんな働きをしているのか？」

「真我とは何か？　真我と実我は同じか、違うのか？」

「信念とは何か？　信念を煥発《かんぱつ》するとはどういうことか？」

「幸福な人生とは何か？　どう生きれば幸せなのか？」

といったように……。

次に、坐禅をして雑念や妄念を除き、霊性心の意識レベルに入る。この状態で、問いに対する答えを考える。すでに『運命を拓く』を熟読しているから、最低限の内容は頭のどこかに残っているはず。すると、「記憶のなかの『運命を拓く』を読む」という状態が生まれる。この読み方が、「霊性心で読む」ということである。

風呂で湯に浸かりながらでもできる。考えるともなく考えているうちに、唐突に答えを思いつくことがある。あるいは、寝ているうちに、答えを思いついて目が醒めることがある。理性が緩んで、霊性意識に入っていたのだろう。

以上が「霊性心で読む」ということだ。

この読み方をすると、答えを思いつくたびに検証しないではおられず、『運命を拓く』の該当ページを再読することになるだろう。

つまり、三回目以降の読み方とは、「記憶のなかの『運命を拓く』を読む」ことにウエイトを置きながら、**確認するために「理性心で読む」**というやり方である。

すると、どうなるのか。

――霊性心の意識レベルで思いついた答えは、天風の悟りと同次元にある。これこそが、**天風の悟りを追体験する**ということだ。

そもそも天風は、ヨーガの里において、書物を読んだのではない。師から与えられた課題について、瞑目して考え続けた。私たちは**『運命を拓く』を通読して、答えの先読みをしている**。この答えを霊性心の状態で問い返し、改めて答えを考えるというプロセスそのものが、天風の悟りの追体験にほかならない。

筆者は、「天風の精神に触れた」と感じた瞬間が何度もあった。その瞬間は、霊性心の意識レベルへと深化し、同時に意識が拡大して高揚感があったことを付言しておきたい。

2章

天風最高の教え「真理瞑想行」とは何か？

冒頭の名文「真理瞑想行について」を読む

それでは、『運命を拓く』を読んでいこう。

この本の冒頭に掲げられた「真理瞑想行について」は、わずか四ページという短文である。それだけに見落としやすいが、とても大事なことが語られている。第一ボタンのような位置づけだと考えてほしい。第一ボタンをかけ損じると、第二ボタン、第三ボタンと、次々にかけ損なう。正しく『運命を拓く』を読むには、ここを疎かにできない。

本章では、「真理瞑想行について」を八つに分けて、大意を掲げる。見出しは、便宜的につけたものである。また、太字で表記した語句（天風オリジナルの語句）には、解説を加えた。原文については、『運命を拓く』をご参照いただきたい。

では、真理瞑想行の目的から見ていこう。

【1】目的――なぜ真理瞑想行を行なうのか？

真理瞑想行を行なう目的は、次のとおり。

①どう生きてきたか、どう生きようとしているのかという、人生に対する自覚と反省をうながすこと。②現在与えられた命を有意義に生かすのに必要な〝**基礎的考え**〟を正確に築いてもらうこと。

私（天風）は、ヨーガの里で悟りを得た。このときに、**心身統一法の根本原則**というべきものを悟った。この原則のなかでも重要なものは、

◎心を絶対的に積極化すること――絶対積極

◎精神態度を〝本来あるべき姿〟に即応させること――自然即応

である。絶対積極という素晴らしい生き方をするには、基礎的な考えを正しく築くことが必要だ。そのために瞑想行を行なう。やり方は、**暗示感受習性**を応用した**独特の教え方**で、正しい〝悟り〟を開くことにある。

すなわち、万物の霊長と言われる人間が持っている可能性（本来の持ちまえ）を発

揮し、生き甲斐がある人生を送るのに必要な〝悟り〟を開かせるのが、真理瞑想行の目的だ。

◎**基礎的な考え**――土台となる考え。土台がしっかりしていないと、そのうえに建てられた思想は総崩れとなってしまう。天風哲学における基礎的な考えとは、真理瞑想行で展開される〝人生に絡まる宇宙真理〟のこと。この真理を悟ったとき、私たちの命は生かされ、幸せな人生を送ることができる。

◎**心身統一法の根本原則**――二つの根本原則がある。生存（生命力を確保すること）と、生活（確保した生命力を効果的に活用すること）だ。生命力は、心を積極化し、自然に即応することで確保される。

◎**暗示感受習性**――人間が持つ〝暗示〟を受け入れる性向のこと。

◎**独特な教え方**――心をきれいにさせて霊性心を顕現し、その心に向かって、天風が悟った「真理の言葉」を聞かせるという教え方。これが真理瞑想行である。

●真理瞑想行には、二つの実践法がある

次に、真理瞑想行とはどういう方法かを見ておきたい。次の二つのやり方があるという。

【2】「本来の方法」と「変則的な方法」の違い

真理瞑想行では、〝人間の生命に与えられている法則〟という、普通の人が知らない貴重な人生案内が行なわれる。では、どのような方法を用いれば、みなさんはこの法則を正しく悟ることができるのだろうか。

まず、**本来の方法**を話そう。師匠から与えられた問題を、誰にも教えてもらうことなく、自分ひとりで考えるというのが、本来の瞑想行だ。この方法は、真理に合致す

るまで何年でも自力で考え続ける、という方法である。

私は、カンチェンジュンガ山麓のヨーガの里で瞑想行を行なった。このとき、聖者カリアッパ師から、「心とは何か」「人間とは何か」という哲学的な問題を与えられた。これらの問題に答えを出すのは、研究者でも三カ月なり、半年はかかるだろう。しかし、これでは時間がかかりすぎる。

そこで、**変則的な方法**を創案した。これは、あなた方が自分の力で悟る代わりに、私から「真理の言葉」をお伝えし、〝真理〟を自得してもらうという方法だ。

◎**本来の方法**――天風がヨーガの里で悟ったやり方。この方法は、師から与えられた問題を自力で考えて悟りを得るというもの。天風の場合は、聖者カリアッパ師から問題を与えられ、瞑目して考えた。これが本来の瞑想行である。
◎**変則的な方法**――天風が語る「真理の言葉」を聞いて悟る方法。具体的には、安定打坐法によって雑念や妄念を除き、心をきれいにして「真理の言葉」を受け取ると、〝真理〟が自覚できるというやり方である。これが、心身統一法における瞑想行だ。

いわゆる天風式瞑想行（本来の方法と区別して、天風式瞑想行と呼ぶ）である。

【3】「天風の悟りを追体験する」――その姿勢が大事

変則的な方法を行なうにあたって、ひとつの留意点がある。

私が悟った〝真理〟を言葉にしてお伝えすると、あなた方は自分で苦心して悟ったものではないために、「いいなあ」と思いながらも、それは他人事《ひとごと》であり、時とともに記憶が薄れていくことだろう。だから、次のようなイメージで聞いてほしい。

あなたは重い病にかかり、闘病しつつ、ヒマラヤの山奥で**端座瞑目**して真理と取り組んでいるのだ、と。この状態が、その昔、ヨーガの里で真理瞑想行をしていたときの私の状態だ。

つまり、自分事として「真理の言葉」を聞けば、**あなた方の魂**が、あなた方の心に〝真理〟を悟らせてくれる。そうすれば、自分が苦心して悟りを開いたのと、結果は変わらない。

◎**端座瞑目**――姿勢を正して坐り、目を閉じて考えること。真理瞑想行のこと。

◎**あなた方の魂**――宇宙霊から分派した「霊魂」のこと。

●天風の「真理の言葉」を、どう受け取るか?

変則的な方法を行なったとき、天風が語る「真理の言葉」をどう受け取ればいいかが問題になる。「真理の言葉」を他人事として受けとめると、「いいなあ」で終わってしまう。そうではなく、自分事として受けとめようとすると、〝意識レベル〟が問われることになる。この点を考えていこう。

【4】そもそも「悟り」とは何か?

悟りとは、**自分の心が真理を感じたときの心の状態**をいう。この定義から言えることは、次のことだ。

みずからの努力によって〝真理〟を自分の心で感じるのも(本来の方法)、私が語る「真理の言葉」を聞いて、あなた方が自分の心に〝真理〟を受け入れるのも（変則的な方法）、受け入れ方に違いがあるだけ。

真理として受け取ってしまえば、結果は同じことだ。つまり、真理を真理として感じれば、真理に違いはない。このとき、心に留めてほしいことがある。真理を受け入れるときの**心の態度**（意識レベル）が、悟りを開くうえで密接に関係するから、**安定打坐で心をきれいにさせている**ということだ。

◎**自分の心が真理を感じたときの心の状態**——これが悟りの定義である。心には、「本能心→理性心→霊性心」という段階がある。心の状態が〝霊性心〟にあるときに〝真理〟を〝真理〟として感じ取ることができる。これを〝悟り〟という。

◎心の態度——心の態度とは、天風が語る「真理の言葉」を、「本能心→理性心→霊性心」という段階の、どの意識レベル（心の態度）で受けとめるかということ。
天風にできるのは、みずから悟った〝真理〟を、「真理の言葉」として語ることだけ。この言葉を聴講者が〝理性心〟で受けとめると〝悟り〟は発生しない。

ところが、意識を深めて〝霊性心〟で受けとめると、〝真理〟を〝真理〟として自覚する＝悟ることができる。この伝達法が、霊性対霊性のコミュニケーションであり、これこそが真理瞑想行の醍醐味である。

◎安定打坐で心をきれいにさせている——心がきたないとは、雑念や妄念が湧き放題に湧いている状態。そこで、安定打坐法を行なう。この坐禅法ではブザーを鳴らして、その音に意識を集中させる。音に集中しているうちに、心は〝一念〟となる。やがてブザーの音が消えた瞬間、〝無念〟の境地が味わえる。このとき、雑念や妄念が消えて、霊性心が顕われる。この心がきれいという状態である。
天風は、「真理の言葉」を〝霊性心〟という意識レベルで受けとめることを求めた。

【5】雑念・妄念はさっさと捨てよう

本来、人間は、真理をいろいろ説き聞かされるまでもなく、この世に生まれ出たときから、つねに真理に接し、真理のなかで生きている。ちょうど、魚が水のなかで生きていながら、水中で生きていることを知らないのと同じだ。

では、私たちは真理のなかにいるのに、なぜ真理を自覚できないのか。

それは、心に**雑念・妄念**があるからだ。まるで頭のうえから帽子をかぶせられたように、〝きれいな心〟のうえに雑念や妄念がおおいかぶさっているために、真理を悟れずにいる。心がきれいな状態であれば、真理はすぐに自覚できる。

◎**雑念・妄念**――雑念や妄念はどこから湧くのか。理性心や本能心といった下位の心（霊性心から見て下位にある心）から発生する。この雑念や妄念を除くのが、安定打坐法の役割だ。つまり、この坐禅法には、理性心や本能心を抑える働きがある。

【6】「心の鏡をきれいに磨く」。まずはそこから

安定打坐法を行なって、きれいな心（霊性心）になると、雑念や妄念がたちどころに消え去っていく。たちまち、とまではいかなくても、次第に雑念や妄念がなくなっていく。そうすれば、悟ろうと努力したり、難行苦行をしなくても、心（本心）が自然と真理に向きあっていく。

すると、真理瞑想行において語る「真理の言葉」が、きれいな心と呼応して、**正しい悟りとなって現われてくる**。悟りが開けてくれれば、無用な疑いや迷いがなくなり、心は**磨きたての鏡のようにきれいなもの**になる。

◎**正しい悟りとなって現われてくる**――きれいな心になり、悟りの準備ができた人には、天風が語る「真理の言葉」は、言葉以上の意味を持つ。つまり、霊性心に響いて正しい悟りとなって現われ、〝真理〟が自覚されるのだ。

◎**磨きたての鏡のようにきれいなもの**——心の鏡をきれいにすることを「心鏡《しんきょう》払拭《ふっしょく》」と呼ぶ。

心身統一法では、①観念要素の更改法、②積極精神養成法、③クンバハカ法、④安定打坐法の四つが、心鏡払拭の方法として位置づけられている。前著(『中村天風　怒らない　恐れない　悲しまない』)で解説したのは、心境払拭の四つの実践法であった(本書でも、108～114ページにおいて解説する)。

油断すると、心の鏡にはすぐに埃や汚れが付着していく。放置すれば曇ってくる心の鏡を、四つの実践法によって磨き続けることが必要だ。これを漸悟《ぜんご》(順を追った修行によって悟ること)という。

これに対して、天風の「真理の言葉」を聞いてパッと悟る方法が、本書で解説する真理瞑想行である。いわば、心の鏡に、真理を映し出すというイメージだ。これを頓《とん》悟《ご》(パッと一挙に悟ること)という。ただ、いつも鏡をきれいに磨いておかないと、真理はくすんで映らない。だから、心鏡払拭を怠ってはならない。

こうして悟りが開けると、一瞬にして無用な疑いや迷いが晴れる。

【7】悟りが〝早い人〟〝遅い人〟の違い

同じように修行をしても、悟りの早い人と遅い人がいるのは、なぜか。この違いは、安定打坐法をどれだけ真剣にやったかによって生じてくる。

私の経験則では、小中学生はパッと悟ってくれる。これに対して、年配者は悟りが遅い。小中学生の悟りが早いのは、素直な心で、私の「真理の言葉」を受け取ろうとするからだ。が、中年以上の人たちは、余計なこだわりが心にあって、**無邪気に純真に受け取ろうとする気持ち**がないために悟りが遅い。

◎**無邪気に純真に受け取ろうとする気持ち**――素直な心で「真理の言葉」を受け取ろうとする気持ちのこと。〝余計なこだわり〟があると、雑念や妄念が発生する。だから、安定打坐法を行なう。ひたすら坐禅を行なって〝きれいな心〟になり、素直に天風の言葉を受け入れる。

●雑念・妄念のない「きれいな心」で読む

結論に入ろう。『運命を拓く』を、どう読めばいいのか。真理瞑想行では本来、「真理の言葉」を聞いて悟った、ということを心に留めてほしい。

【8】「理解しよう」でなく「ただ受け入れる」

形だけ安定打坐法をやったって、ダメなんだよ。いくら安定打坐の姿勢で坐っていても、姿勢という形が問題ではないのだから。

大切なことは、**心が安定打坐**（きれいな心）になっているかどうかだ。

心が安定打坐になっていないと、いくら「真理の言葉」を聞いても、**涙のでるような感激**はないかもしれない。

だから、この本を読む人に申し上げる。心を安定打坐にして「真理の言葉」を受け取ってほしい。雑念や妄念を払い除けてほしい。**疑う気持ちや批判を乗り越え**、ただ無念無想の状態で、**内容をわかろうとするのではなく、ただ受け入れていく**という気持ちが、何よりも大切である。そうすれば、無条件で悟りの花を開かせてくれるだろう。

◎**心が安定打坐**――雑念や妄念を払った安定打坐の境地に、意識レベルを置くこと。〝無念〟に達入して、霊性心を顕わすこと。つまり〝きれいな心〟になること。このときの心が、素直であり、無邪気であり、純真である。
◎**涙のでるような感激**――〝真理〟を〝真理〟として自覚したときの感激。
◎**疑う気持ちや批判を乗り越え**――疑うことや、批判することは、理性の働きである。現代は、理性が最高の能力であると位置づけられ、〝疑い〟や〝批判〟を乗り越えることは容易ではない。

しかし、雑念や妄念の発生源は、理性である。また、悟りが遅い人は理性にとらわれている。「疑う気持ちや批判を乗り越える」とは、理性心の意識レベルを超えて、霊性心に至ることである。

◎内容をわかろうとするのではなく、ただ受け入れていく――内容をわかろうとするのが理性の役割だ。そのために、理性は、疑い、批判し、理解するという知的活動を行なう。

ところが真理瞑想行において、最大の壁は〝理性〟である。理性が働いているかぎり、霊性心は顕われない。天風が言う〝きれいな心〟にはなれない。

では、理性的な人とは、どういう種類の人なのだろうか。

天風は瞑想行で、〝宇宙霊〟ということを語り始める。すると、聴講者の一部には、宇宙霊を疑い、受けつけないと拒否反応を起こす人が現れるだろう。

しかし、この反応はあまり理性的とは言えない。

本当に理性的な人は、頭から否定するような暴挙にはでない。では、どのような態度を取るのだろうか。主な態度を記しておこう。

定義の変更――理性的な人は、宇宙霊が存在するかどうかを問う前に、定義の問題だと考える。宇宙霊をどう定義するのか。定義次第では、科学的な土俵で議論することも可能だと考える。たとえば、物理学の立場から、宇宙霊を再定義するなど。

不可知論――また、理性的な人は、私たちの認識能力によって、宇宙霊の存在証明が可能かどうかを考える。その結果、認識能力の限界に突き当たるかもしれない。不可知論（知ることができず、認識不可能とする立場）である。この結論に至った人は、宇宙霊の存在を否定も肯定もできないから、判断を保留とするだろう。

意味の考察――あるいは、理性的な人は、問い方を変えることによって、科学的な上俵に乗せるかもしれない。たとえば、こう問う。「天風は宇宙霊を語ることで、私たちに何を教えようとしているのか」と。このように、宇宙霊そのものではなく、宇宙霊を語る天風の意図を問い、その意味を考えようとするかもしれない。

これらが、理性的な人が取る主な態度であろう。筆者もかつてはそのような態度で『運命を拓く』を読んでいた。

しかし、これでは足りない。はっきり言う――天風は、ヨーガの里で実際に悟ったのだ。天風にとっては、宇宙霊は疑いもない真理なのだ。つまり、わかろうとする理性的なアプローチでは、真理瞑想行への参加資格はない。

では、天風は、真理だから「宇宙霊を信じなさい」と押しつけているのだろうか。

そうではない。天風が言ったのは、安定打坐法によって理性の働きを抑え、**霊性心を顕現してきれいな心になり、その心で「真理の言葉」を聞きなさい**ということだ。

これが、「ただ受け入れていく」という意味である。すると、どうなるのか。ある種の心的現象が発生する。霊性心が能動的な働きを始めていくのだ。

「心（本心）が自然と真理に向きあっていく。すると、真理瞑想行において語る『真理の言葉』が、きれいな心と呼応して、正しい悟りとなって現われてくる」（【6】きれいな心、54ページ）

と天風は教える。もし〝真理〟でないなら、理性に頼らなくても、霊性が撥ね退けることだろう。霊性の力に信頼を置くことだ。ここに、真理瞑想行の能動性がある。

●「天風の悟りを追体験する」法

なぜ、真理瞑想行を行なうのか。天風の悟りを追体験するためである。ヨーガの里で獲得した**天風の悟りを、私たちはみずからの身において悟り直すことができる。**その**結果は劇的**だ。**生き方が変わる**。

天風の教えを頭で理解したくらいでは、たいして生き方は変わらない。

そうではなく、悟ることだけが、つまり自覚することだけが、生き方を変えさせる。

自覚したとき、生まれながらに備わった〝積極精神〟が湧きあがる。生命は躍動し、**運命は好転する**。その結果、**幸せな人生を送ることができる**だろう。

くり返す。聖人になるために悟るのではない。幸せになるために悟るのだ。宗教における〝悟り〟とは一線を画している。

天風が言う悟りとは〝理解〟ではなく、「自覚してほしい」ということ。その結果、「幸せな人生を送ってほしい」ということだ。

◎天風の悟りを追体験する二つの悟り方

天風は、みずからの悟りを追体験する二つの方法を、私たちに遺してくれた。

第一の方法「行入《ぎょうにゅう》」——実践によって悟ること。

第二の方法「理入《りにゅう》」——真理に悟り入ること。

これら二つが補い合って、天風の悟りの追体験が可能になる（図参照）。

「天風の悟り」を追体験する方法とは？

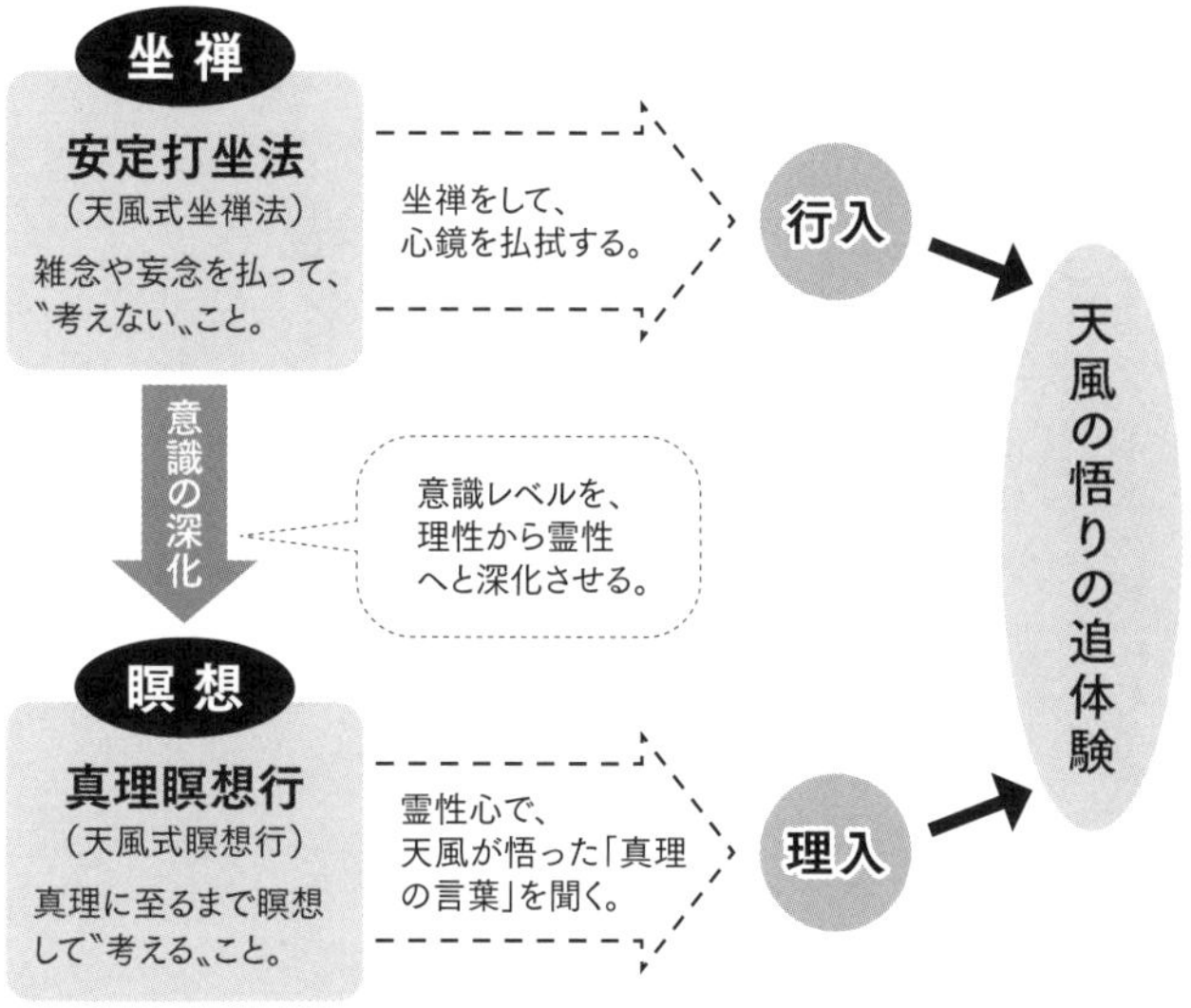

天風の悟りを追体験するには、天風が語る「真理の言葉」を〝霊性心〟で受けとめることが必要だ。その方法論として、「**行入**」と「**理入**」を組み合わせる。

- **行入**とは、本能心→理性心→霊性心へと意識を深化させる方法だ。具体的には、心鏡払拭（心の鏡を磨くこと）を実践する。主なやり方に、安定打坐法がある。
- こうして、きれいになった心で「真理の言葉」を受けとめて瞑想すると、天風が悟った〝真理〟が自覚され、天風の悟りが追体験できる。この方法を「**理入**」という。理入こそ、真理瞑想行の本質である。

以上をまとめて、天風はこう語っている。

「理入行法なるものは、無念無想の入定行（安定打坐法）なるものを行って、人生に絡まる宇宙真理を瞑想自悟すること」
（192 ページ）と。

まず、行入（第一の方法）とは、実践によって悟ることだ。方法論は次のとおり。

◎**観念要素の更改法**――潜在意識のなかの観念要素を〝プラス〟で満たす。
◎**積極精神養成法**――いついかなるときにも積極的な対応ができるようにする。
◎**クンバハカ法**――外界の刺激にびくともしない体勢になる。
◎**安定打坐法**――心を静かに安定させ、きれいな心にする。

これらをまとめて「心鏡払拭」と呼ぶことはすでに述べた。行入とは、心の鏡に付着した汚れを拭き取るように、時間をかけて「天風の悟りを追体験する」こと。まるで山登りをするかのように、一歩一歩のぼっていく。しかし、いくら行入をやったとしても、これだけでは、追体験することはできない。

次に登場するのが、理入（第二の方法）だ。これは天風が語る**「真理の言葉」に触発されて、パッと一瞬にして真理に悟り入る**やり方である。

私たちはもともと真理のなかにいる。このことを自得して真理と一体になる方法が、

真理瞑想行である。（天風自身による〝理入〟の定義については、192ページ、および218ページ参照）

では、理入するには、瞑想行で語られる「真理の言葉」をすべて聞く必要があるのかというと、そうではない。わずかな言葉だけで悟ることも可能だ。

逆に、何度聞いても悟れない人がいるだろう。――つまり、『運命を拓く』を全編を読まなくても、**序章を読んだだけで悟れる可能性がある**、ということだ。

問題は、読者（聴講者）の側にある。このことを、天風は「真理瞑想行について」という短文で読者に投げかけた。『運命を拓く』を読んでパッと悟れるかどうかの分《ぶん》水嶺《すいれい》は、読者の意識レベル（心の態度）にあるのだ、と。

『運命を拓く』は、四つのテーマで読み解ける

以降では、真理瞑想行の本論に入ろう。『運命を拓く』は、序章を含めて全十四章から成っている。これらを次の四テーマに再編集した。

3章――積極人生（潜勢力を顕現し、前向きに人生を生き抜く）
4章――生命躍動（生命を萎縮させず、いきいき躍動させて生きる）
5章――運命好転（健康や幸運を勝ち取って、幸せに生きる）
6章――宇宙真理（宇宙霊に生かされていることを悟り、その法則を知る）

これら四つは、『運命を拓く』を集約した〝中分類〟である。中分類を導くにあたって、次の検討を行なった。

第一の検討は、天風哲学における人間観である。人間とは、みずからの肉体の力だけで生きている孤立した存在ではない。また、大いなる実在（宇宙霊）に生かされているだけの、相手任せの存在でもない。

天風哲学における人間とは、〝**生かされて生きる**〟という強い意志を持った存在だ。つまり、大いなる実在に〝生かされている〟という宇宙真理に目覚め、そのうえでみずから〝生きる〟力そのものと言える存在であった。――ここから、生きる側面を「積極人生」、生かされる側面を「宇宙真理」と分類する。

第二の検討は、人間とは〝力〟であるなら、この力が最も湧きあがる状態はどんなときか。力の源泉はどこにあるのか、ということである。

答えは、**宇宙霊とつながった〝生命力〟**にある。人は積極的に生きるとき、旺盛になった生命が躍動し、生きる力が最も湧きあがる。逆に、生命が萎縮すると、生きる力は衰えてしまう。――「生命躍動」

第三の検討は、生命が旺盛になり躍動しているとき、人は生きる喜びを感じるか、幸福を感じるかということである。さらに言えば、その人にとって最も健康的な状態となり、運命を制御できるかということである。答えはイエスであり、**運命は好転する**、と天風は教えている。――「運命好転」

以上をふまえて、「積極人生」「生命躍動」「運命好転」「宇宙真理」の四テーマを導いた。そのうえで、次の検討を加えた。これら四テーマは、『運命を拓く』全十四章を説明するのに十分か、つまり妥当性があるか、ということである。

これが、第四の検討だ。つぶさに検証したが、これら四テーマによって、全章を漏れなくカバーできる、と断言できる。つまり、四つの観点から『運命を拓く』を読めば、この本のすべてを、すっきりと的確に把握できるであろう。

本書3章～6章の右ページには、真理瞑想行を文字化した『運命を拓く』『力の結晶』から言葉をピックアップした（わずかながら、天風の他の文献も含まれる）。

言葉はなるべく短いものを選んだ。また、短くするために、文意をそこなわない範囲で約《つづ》めたものもある。「寸鉄人を刺す」という。短い言葉ゆえに、刺さるのだ。目的は〝自覚〟すること。だらだらした言葉では、好機を逸する。もちろん、短い言葉には説明が必要であろう。そこで、左ページで解説した。

真理瞑想行では、天風の語りの後、「天風誦句《しょうく》」で締めくくられる。これに倣《なら》って、各章の終わりには四テーマに該当する誦句を掲げた。誦句には、味わいがある。諳《そら》んじて、折にふれて唱えている人もいるだろう。しかし、その意味は決して易《やさ》しくはない。そこで、わかりやすくするために〝大意〟を試みた。

3章

「積極人生」の言葉――心の持ち方ひとつで、人生は変わる

「積極精神」が素晴らしい人生をつくる

この章で考えたいことは、素晴らしい人生を実現するにはどう生きればいいのか、ということ。天風哲学における人間観をおさらいすると、人間とは〝生かされて生きる〟存在であった。

◎「生かされる」とは、他力（宇宙霊）によって生かされること。

◎「生きる」とは、みずからの力によって生きること。

つまり、〝生かされて生きる〟とは、他力（宇宙霊）によって宇宙エネルギーが与えられ、肉体の力をはるかに超えた大きな力で生き抜くことである。このように、**宇宙霊に応援された〝大きな自力〟の生き方**が、天風哲学の特徴だ。

3章では〝生かされて生きる〟の「生きる側面」に焦点を当てる。

生きるとは、宇宙霊とのつながりを自覚し、生命の法則にしたがって積極的に生きることだ。積極的に生きるための実践法については、108〜114ページにそのエッセンスを紹介した。

真理瞑想行では、天風が悟った「真理の言葉」が諄々と語られ、やがて天風誦句で締めくくられる。つまり、「真理の言葉＋誦句」という構造になっている。

この方式に倣って、本章では、**「積極人生」についての天風の言葉をピックアップ**し、わかりやすく解説する。次に、天風誦句（大意）で締めくくる。

本章で取りあげる誦句は、「積極人生」に関連した次の四点だ。

◎朝旦《ちょうたん》偈《げ》辞《じ》（甦《よみがえ》りの誦句）――〝新しい一日〟を始めるにあたって唱える誦句。
◎力の誦句――みずからが〝力の結晶〟であると自覚する誦句。
◎思考作用の誦句――積極心で考えた事柄を宇宙霊が応援する誦句。
◎言葉の誦句――積極的な言葉で生きることを誓う誦句。

※《付記》3章～6章の右ページに掲げた天風の言葉については、読みやすくするため、意味を損なわない範囲で文章を約《つづ》めた。天風は〝活きる〟と〝生きる〟を区別したが、解説では〝生きる〟に統一した。文献を示していない右ページの言葉は、『運命を拓く』からである。それ以外については文献を示した。ご了承いただきたい。

「元気」が「元気」を引き寄せる

元気の溌剌たる状態で
人生に生きることこそ、
一番必要なのである。

『力の結晶』

●元気の〝気〟が、大宇宙のパワーを呼び込む。

朝、天風は「おはよう！」と声を響かせる。続けて、「元気か！」と、門人たちに問いかけた。このとき、体調はどうか、気分はどうか……などと点検していたら、それだけで、あったはずの元気さえなくなってしまう。もたもたするのは禁物。即座に「元気です！」と返答することだ。口にしたとたん、身のうちに不思議なほどの〝元気〟が湧きあがる。

「元気が直ちに先天の一気をかーっと呼び寄せる」（『力の結晶』）と天風。先天の一気とは、宇宙霊のことだ。元気の〝気〟が炸裂して、大宇宙の気を引き込んでくれる。元気が元気を呼び込むのだ。

大いなる気は、病を吹き飛ばし、不運を跳ね飛ばす。「健康や運命に関係なく、いつも元気でいられるのが人間である」（『運命を拓く』）と、天風は教える。

健康や幸運という条件が整わないと、元気でいられないのではない。**人は自分の意志でいつも元気を保つことができる**のだ。

「心の窓」を開けば、人生が明るくなる

心は、光を通す窓だ。

●「宇宙エネルギー」を最高に受け取る法。

右の言葉の〝光〟とは、宇宙エネルギーのこと。光は、次の部位から入ってくる。

脳髄（脳のこと）。

間脳（大脳半球と中脳を結ぶ部分）。

眉間（ひたいの真ん中）。

集約すると、眉間やその奥にある脳から宇宙エネルギーは受容される。ところが、受容量は一定ではない。**心の状態によって増減する。**

右の言葉を書き換えると、次のようになる。

「心はその状態によって、宇宙エネルギーを多く通したり、少なく通したりする窓だ」

積極的なときは〝光を通す窓〟が大きく開いて、受容量が多くなる。すると、生命力は旺盛となり、病を吹き飛ばし、幸運を招き寄せる。

逆に、消極的なときは〝光を通す窓〟が閉じられ、受容量が減る。生命力は萎縮するばかり。ますます消極思考となる。

だったら、心を積極的にしようではないか、というのが天風の教えだ。

一日一分、心をからっぽにしてみる

無念無想に近い状態であれば、
霊智を受け入れる分量が多くなる。

一日にわずかでも「とらわれのない時間」をつくろう

安定打坐法によって、誰でも簡単に「無念無想」の境地に入れるようになった。ところで、無念と無想は似ている。違いはどこにあるのだろうか。

◎**無念**――念とは、考えのこと。したがって、無念とは、考えても、その考えにとらわれないことをいう。

◎**無想**――想とは、五官（眼、耳、鼻、口、肌）で認識した外界の対象物を心に思い浮かべること。つまり、無想とは、表象（対象像）にとらわれないことをいう。

まとめると、自分の思考や表象といった **〝思い浮かんだもの〟にとらわれない**ことが、無念無想の境地である。

では、逆の「有念有想」とは、どういう状態であろうか。考えに凝り固まったり、外界の物に心が惹かれっぱなしという状態。すると、知恵は湧かず、生命は次第に枯渇していく。日々を、有念有想で過ごしていると、体に毒だ。

人は生きているかぎり、何かしら考えたり、外界の物を思い浮かべたりしているものだ。が、一日にわずかでも、**とらわれのない時間をつくる**ことが必要だろう。

心が静かになると、不思議と力が湧く

人間というものの命は、
一切の生物をしのいでいる
力の結晶だ。

『力の結晶』

●〝生かす力〟を受けて〝生きる力〟が膨らむ。

ヨーガの里。滝のほとりで、ひとり瞑想する天風。聖者カリアッパ師から与えられた**「天の声を聞け」**という謎のような課題に取り組んでいた。

天の声とは、周囲のさまざまな音を相手にしなければ、聞こえてくる声だという。天風は、聞こえてくる音を相手にせず、ただの音として聞き流した。すると、**心に絶対的な静けさ**が広がった。この静けさが〝天の声〟だ。その境地を〝無念無想〟という。このとき、霊智とともに本然の力が湧きあがる。その瞬間、天風は〝力の結晶〟となった。宇宙霊の力と、人間生命の力が強く結びついた。

◎宇宙霊の力――無念無想の境地になると大量に受容される宇宙霊の〝生かす力〟。

◎人間生命の力――宇宙霊の生かす力を受けて、驚くほど膨らむ〝生きる力〟。

宇宙霊の生かす力が受容されて、肉体が持つ力以上の力が発揮される。生きる力は生命を躍動させる。輝くばかりに、人は〝力の結晶〟となる。

このとき、病にも運命にも、あらゆるすべてのものに打ち克つことができる。この悟りを集約したものが、「力の誦句」（103ページ）だ。

人は誰でも「大いなる力」を秘めている

何人《なんぴと》といえども、
潜在勢力（潜勢力）という驚くべき
絶大な力が与えられている。

積極心が眠ったままの巨大な力を呼び起こす。

誰にでも、生命の奥深くに、**潜勢力**（潜在化している巨大な力）が備わっている。

この力が顕在化すれば、人生は思うままだ。健康で幸せな人生を歩める。

ところが、この力の存在を知らず、気づかないまま生涯を終えていく人のなんと多いことか。肉体の力がすべてだと勘違いしている人が「力の誦句」を読むと、次のように、肉体中心の誤った解釈をすることだろう。

「私は　力だ」――私の肉体には、大きな力が備わっている。

「力の結晶だ」――鍛えられたこの肉体は、力の結晶と言えるほどに筋肉質だ。

潜勢力に気づいた人間は、肉体の力以上のパワーを発揮する。――では、どうすれば、潜勢力を発揮できるのか。

① **自分の生命の奥に〝潜勢力〟があると信じる。**

② **〝積極〟の心がまえをし、大きな課題に挑戦する。**

潜勢力はダムに蓄えられた巨大な力のようなものだ。普段の放水量は調整されている。が、難題に挑戦するといった決定的瞬間に、どっとエネルギーが放出される。

心は萎縮させてはならない

月を見て佇《たたず》めば、
心は見つめられている月よりも、
さらに大きい。

●肉体より、大宇宙より大きい——心の偉大さを知る。

私たちは、肉体を中心に考える習慣がある。

だから、この小さな体のなかに「心」が入っていると思いがちだ。が、逆だ。

「**広大無辺の大宇宙よりもさらに心は大きい**」（『運命を拓く』）

と、天風は言う。——心は、時空を超える。夜空の月に思いを馳せれば、想像力は月を包み込む。それどころではない。心の広がりのなかに「大宇宙」がすっぽり収まるほどだ。芥子粒《けしつぶ》ほどの肉体なんて、心のなかの一点でしかない。心は、肉体よりも、大宇宙よりも、はるかに大きい。このことは、何を意味するのか。

「大宇宙よりも、人間の心の方が偉大である」（同書）

ということだ。

だから、**偉大な心を制約したり、萎縮させてはならない**。心には、「本能心→理性心→霊性心」という意識レベルがある。何ものにも制約されず、躍動している心は、霊性心である。霊性心の意識レベルに達したとき、心は最も偉大だ。この偉大さを阻害することなく、偉大な心を偉大なままに発揮させた人を「哲人」という。

心の持ち方ひとつで、人生は簡単に変わる

人生は心一つの置きどころ。
というのが、人生支配の根本原則である。

●人生を天国にするか、地獄にするかは、心次第。

「人生は心一つの置きどころ」

とは、天風の口ぐせだ。心の持ち方ひとつで、これからの人生に天地の開きが生じるということ。――これが**人生支配の原則**である。

心の持ち方を〝プラス〟に置くと、宇宙エネルギーが注がれ、生きる力が高まる。病や不運を跳ね飛ばし、願った通りに人生を創造することができる。

反対に、心を〝マイナス〟に置けば、どうなるのか。マイナスの感情が渦巻き、自信をなくした心は感情を統制できず、感情任せの人生となる。

悲しみで立ち直れず、体も心も壊れて、学校や仕事を辞めた……。怒りが怒りを呼んで、気がつくと、大切な人を傷つけていた……。むき出しの感情にふり回された人生は、地獄である。当然、宇宙エネルギーは注がれない。生きる力は萎《しぼ》んでいく。

意志は自由である。突き詰めると、「**人生は、主観だ**」という根本に行き着く。これを〝心一つの置きどころ〟という。天国をつくり、地獄をつくるのも、自分次第。

心の持ち方によって、人は人生を変えることができる。

自分が言った言葉は、自分に返ってくる

言葉は人生を左右する力がある。
この自覚こそ、
人生を勝利に導く。

●言葉が持つ〝創造の力〟を活かそう。

楽しくも何ともないときに、「楽しい！」と言えば、気分が晴れる。

逆に、「面白くない」と、マイナス言葉を使ったら……。目の前の景色は色褪せ、気分は萎《な》えいく。自分だけではない。マイナス言葉は、まわりの人々の気持ちまで暗くする。周囲にまき散らす言葉の黴菌《ばいきん》だ。

みずからが使った言葉は、自分にも周囲にも影響する。天風は、

「言葉には、創造の力というものが厳として存在している」（『運命を拓く』）

と教える。このことをふまえて、右の言葉の大意を示しておこう。

「言葉が持つ創造の力こそが、人生を左右する。このことを自覚すれば、あなたが用いる言葉は一変するはずだ。**人生で何を創造するかは、あなたが使う言葉次第**。あなたは〝言葉〟を武器にして、人生を勝利に導くことができる」

話し言葉以外に、書き言葉がある。人生の節目には、将来計画を書いてみてはどうだろう。未来への展望が開け、心が明るくなるキーワードが見つかれば、人生を勝利に導いたも同然。この作業を経ると、話し言葉までいい方向に変わるはずだ。

「痛い」は「痛い」で終わらせない

痛いのは痛いでよろしい。
けれどもそのあとがいけないのだ。

●「マイナス言葉」の後の一言が人生を左右する。

たとえば、お腹が痛くなって、

「痛いな。不愉快だ」と顔をしかめれば——これはマイナス言葉。

「痛いな。でも、この痛みのおかげで不養生だと教えられた。気をつけよう」——これはプラスの受けとめ方だ。

どちらも、「痛いな」までは同じ。天風は、「痛いのは痛いでよろしい」と言う。なぜいいのかというと、**「痛いな」は感覚語で、ニュートラルな言葉**だから。ほかにも、「暑い」「寒い」「重い」「疲れた」などが感覚語であり、普通に使っていい。

このとき、「痛くないよ」と強がってしまうと、それは嘘になる。強がるのは、マイナスの裏返しだ。本当に強い人は、痛いときは「痛い」と言う。が、そう言った後、不満を吐いたり、マイナス言葉を重ねたりしない。

右の天風の言葉は、感覚語を言った後の一言が、マイナスであってはいけない、と教えたもの。ここに気をつけて、**「感覚語＋プラス語」**を実行すれば、その人はまちがいなく積極人生を歩んでいる。

「消極的な言葉」は、すぐ打ち消そう

「と昔はいったけれど」

とすぐそこで打ち消しておけばよろしい。

●マイナスを口にしたら、プラスに転換しよう。

つい、マイナス言葉を使ってしまう人――。その多くは、気づかずにマイナスを口にしている場合が多い。「やりきれないな」「ヤダな」「面白くないな」と愚痴れば、不満が吐き出される。これが心地よくて、半無意識的に口を衝くのだろう。

しかし、その代償は大きい。知らず識らずのうちに幸運やチャンスを逃したかもしれない。天風はこんな対処法を教える。うっかり**マイナスを口にしたら、即刻、打ち消せばいいんだよ**、と。たとえば、「ああ暑い。やりきれないな」と愚痴った後で、

「……と昔は言ったけれど、こんなことでへこたれるものか！」

と打ち消すのだ。

すると、プラスに転換する。積極で行くと決めたら、オロオロしない。ところが、「また、やりきれないと言ってしまった。ダメだな……」と落ち込むと、消極の上書きをしてしまうだけ。そうではなく、

「マイナス言葉なんて、へっちゃらだ。すぐに打ち消せば、プラスになるんだ」

と考えて、**どんと構える**ことだ。この構え方が、積極である。

会話は「前向きな言葉」で締める

結論が
積極的断定で終わるように常に
気をつけねばならない。

●「できない」ではなく「こうすればできる」と考える。

積極的断定の思考法を身につける。これができれば、仕事においても一目置かれる存在になることだろう。

各部署からメンバーが集まって会議をしている。しかし、課題をクリアできないいま、時間切れとなった。

「ダメでしたね。なかなか、いいアイデアなんて出ませんね」

と締めくくれば、そこまで。「できない」で終わらせると消極的断定になる。

どんなときも、**「こうすればできる」という前向きな結論**を導くことだ。「次回は場所を変えて、気分を一新しませんか」と投げてみる。異論はなさそうだ。「おかげで、今回はのど元くらいまでアイデアが出かかったと思います。課題も出そろったので、部署ごとに叩き案を用意してください。次回が楽しみですね」と、積極的断定をする。

会議にかぎらず、人と話した後は、どう締めくくるかが決めどころ。慣れないうちは、定型句を用意しておくと便利だ。「次回が楽しみですね」など。

慣れると、その場に応じたプラス言葉がポンポン出せるようになる。

人生は、自分が考えた通りになる

思考は、
霊魂を通じて、その霊の本源たる
〝宇宙霊〟に通じている。

● 潜在意識に浸透した思考は、必ず実現する。

ここまでは、言葉の力について見てきた。

言葉の前にあるのが〝思考〟だ。では、思考の力はどうか。天風はなんと、

「**思考は人生をつくる**」

と断言する。右の言葉は、この仕組みを説いたものである。大意はこうだ。

「実在意識で考えた思考は、潜在意識に浸透して、人間の本体である霊魂に届く。すると、霊魂とつながった宇宙霊の創造作用を受けて、その思考は実現する」

逆に言えば、思考が潜在意識に浸透しなければ、その思考は霊魂には届かない。つまり、実在意識を去来する浅い思考は、実現しないということだ。

◎言葉——実在意識から発した言葉は、本人にも周囲にも強い影響力を持つ。

◎思考——実在意識を去来する浅い思考は、影響力が小さい。**人生に強い影響を与えるには、潜在意識にまで深く浸透することが必要**である。

以上の違いがある。ただ、浅い思考であっても、言葉として表現されると、その影響力は大きい。結局、**積極人生を歩むには、言葉も思考もプラスにする**ことだ。

「信じる」。すべてはそこから始まる

雑念妄念を潜在意識の中に溜めていたのでは、いつまで経っても、ものがわかったというだけで実行に移されない。

〝真理の言葉〟は魂に受け入れることが大切。

真理瞑想行では、天風が悟った〝真理〟が語られる。このとき、聴講者に求めたのが、自覚だった。**自覚したときに、人は実行に移そうとする**からだ。ところが、聴講者の多くは〝理解〟の段階にとどまり、〝自覚〟にまで達する人は少ない。

「理解と自覚とはまったく違う。理解というのは、ただわかったというだけであり、自覚というのは、**本当に自分の魂に受け入れたこと**なのである」（『運命を拓く』）

と天風。右の言葉は、〝理解〟の段階でとどまっていることを戒めたものだ。

心には、「本能心→理性心→霊性心」という段階があった。理解とは、理性心の意識レベルで、天風の教えを受けとめること。しかし、理性心には雑念や妄念が渦巻き、これらが邪魔して、天風の教えは実行に移されない。

瞑想行を行なうにあたって、天風が坐禅で心を整えさせたのは、理性心の働きを抑え、霊性心を喚起するためだった。霊性心は、偽りの言葉を撥ね退け、真理の言葉を魂に受け入れさせる。これが自覚である。

積極人生を歩むとは、自覚することにほかならない。

「人生の主人公」は自分

二度と生まれ変わることのできない人生を
活きている刹那刹那は、
自分の人生の主人公でなければならない。

●感情を主人公にしない。自分が〝主人公〟になる。

多くの人は、自分の人生においては、自分が主人公だ、と信じている。果たしてそうだろうか。自分は何かに操られている、と感じたことはないだろうか。

たとえば、感情が爆発する人。怒ると見境がなくなる人にとっては、「怒り」が主人公だ。その後始末を、脇役の自分がする羽目になる。右の言葉で天風は、

「たった一回かぎりの人生だ。なのに、**主人公の座を感情に明け渡していいのか**」

と問うているのだ。

心に、「本能心→理性心→霊性心」の段階があることはすでに述べた。感情をコントロールできない人は、**本能心が心を支配している**。頭のよし悪しではない。頭がよくても、本能心で生きている人のなんと多いことか。そんな人がいくらアンガーマネジメント（怒りの制御法）をしても、いざというときは感情が主人公になる。自分の人生を、自分が主人公として生きるには、感情を制御しなければならない。

霊性心には〝**意志力**〟という高度な力がある。たとえば坐禅をすると、意志力が強まる。すると、感情は制御され、主人公になることができる。

どんなときも「前向きな心」を忘れない

腕に自信のある船乗りは、
静かな海より、
荒波を乗り切る航海の方が張り合いがある。

●天風哲学の真髄とは——苦難に立ち向かうこと。

天風哲学とは何か？　どんなときも、**堂々と〝積極人生〟を歩もうとする覚悟の哲学**である。右の言葉は、そんな意気込みを語ったものだ。大意を示しておこう。

「この人生を積極一貫で生き抜く覚悟をした人（天風哲学で生きる人）は、穏やかな人生より、問題が多発する荒波の人生を乗り越えることに張り合いを感じる」

天風は、どんな危機的な状況下でも、積極心で乗り越えた。原体験には、日露戦争のころ、モンゴルで諜報活動に従事した極限の体験がある。この体験から学んだ経験則は、本当の危機は心が消極的になったときにやってくる、ということ。

「『**いかなる場合にも、常に積極的な心構えを保持して、堂々と人生を活きる**』

ここに天風哲学の最も重点が置かれている」（『運命を拓く』）

と、天風はみずからの哲学を語っている。

困ったことが起こるのが人生だ。どんなに健康な人だって、病にかかる。逆境に身を置かれることもある。そんな人生をどう生きればいいのか。**どんなときも積極的に生きるほか道は拓けない**——これが本章におけるまとめである。

朝旦《ちょうたん》偈辞《げじ》（甦《よみがえ》りの誦句）

目が覚めた。新しい一日が始まる。さあ、一日の始まりにおいて、私は三つのものをもって甦ろう。

力と、勇気と、信念である。

元気がみなぎる。この新しい元気によって、正しい人間としての本領を発揮しよう。本領を発揮してこその人生だ。持って生まれたものを燻《くゆ》らすような生き方はしない。人間としてやるべき責務の実践に向っていくのだ。

私はまた、日々のしなければならない務《つと》めに、溢れるばかりの熱きまごころをもって立ち向かっていく。私はまた、喜びと感謝に満たされて進んでいくのだ。こんな人生にこそ、生きがいがある。

〈原文〉 吾は今　力と勇気と信念とをもって甦えり、新しき元気をもって、正しい人間としての本領の発揮と、その本分の実践に向わんとするのである。
吾はまた　吾が日々《にちにち》の仕事に、溢《あふ》るる熱誠をもって赴《おもむ》く。
吾はまた　欣《よろこ》びと感謝に満たされて進み行かん。（後略）

力の誦句

ヨーガの里における日々の修行のなかで、あるとき、私は悟ったのだ。

「私は、力だ」

と。この感覚は、通常の意識でとらえられるものではない。個の意識を超え、大いなる宇宙との一体感のなかで直覚したものだ。たとえば、「私の肉体には、大きな力が備わっている」といった、そんな、ありきたりな観念ではない。

私が悟ったのは、みずからが力そのものであった、ということだ。日々の修行のなかで、見えないはずの〝力〟が可視化するまでに結晶化したもの。それが私だ。私とは、力の結晶体であった。これは、わが身に起きた厳然たる事実である。

この結晶体は何ものにも打ち克っていく。だから私は、〝何ものにも負けない〟と断言できる。

不意に訪れる病にも。いかんともしがたい逆境にも。

否、あらゆるすべてのものに打ち克つ力である。

そうだ!!

強い　強い　力の結晶だ。

〈原文〉私は　力だ。

力の結晶だ。

何ものにも打ち克《か》つ力の結晶だ。

だから何ものにも負けないのだ。

病にも　運命にも、

否　あらゆるすべてのものに打ち克つ力だ。

そうだ!!

強い　強い　力の結晶だ。

思考作用の誦句

宇宙霊から森羅万象が産み出された。これを分派という。宇宙霊は、みずから創造した森羅万象が建設的に発展することに、公平な態度をとる。公平な態度とは、〝積極〟の働きや〝創造〟の働きがあるところに、建設的なパワーを与えるということ。

人間に対しても、宇宙霊は公平である。正しい心、勇気ある心、明るい心、朗らかな心という、積極的な心で思考した事柄については、その事柄どおりに実現するよう、宇宙霊は建設的なパワーを注ぎかけるのだ。

〈原文〉（前略）宇宙霊なるものこそは、万物の一切をより良く作り更《か》えることに、常に公平なる態度を採る。

そして　人間の正しい心　勇気ある心　明るい心　朗らかな心という積極的の心

持で思考した事柄にのみ、その建設的なる全能の力を注ぎかける。

言葉の誦句

私は今後、まちがっても自分の舌に、悪い言葉を語らせないようにしよう。この舌にどんなことを語らせるかは、私の心次第だ。

だから、自分が語る言葉に一つひとつ注意しよう。

それとともに、自分が置かれた境遇を嘆いたり、自分の仕事で愚痴を言ったりしないようにしよう。そんな消極的な言葉や、悲観的な言葉で、批判するのをやめよう。つまらない批判をやめるだけでも、心に灯がともるというものだ。

そして、始めから終わりまで変わることなく、楽観と歓喜、希望と勇気、平和に満ちた言葉だけを使って生きよう。

〈原文〉私は今後かりそめにも　吾が舌に悪を語らせまい。

否　一々《いちいち》吾が言葉に注意しよう。
同時に今後私は　最早自分の境遇や仕事を、消極的の言語や　悲観的の言語で、
批判する様な言葉は使うまい。
終始　楽観と歓喜と、輝やく希望と溌剌《はつらつ》たる勇気と、平和に満ちた言葉でのみ活きよう。（後略）

●「天風誦句」とは、何か？

天風が修行したヨーガの里では、あちらこちらの岩に言葉が刻まれていた。**悟った瞬間の先人たちの言葉**であった。大いなる喜びのなかで、先人たちは悟りの言葉を刻んだのであろう。

しかしサンスクリット語だったので、天風には読めなかった。聖者カリアッパ師は、天風が悟ったのを見届けると、一つひとつ英語に翻訳してくれた。

悟っていない人には、これらはただの言葉でしかない。天風はみずからの悟りをふ

まえて、先人たちの言葉を受けとめた。体験事実として響いた。

後年、天風はこれらの言葉をふまえて、珠玉の誦句を創案する。天風誦句である。別名「暗示誦句」ともいう。真理瞑想行では、天風の語りのまとめとして、朗々と誦句が語りあげられる。**誦句とは、霊性の自覚へと導く〝真理の結晶〟**と言えるだろう。

「通りいっぺんの言葉として覚えているだけではいけない。一言、一言を魂に明確に刻みこむように口にするがよい」（『運命を拓く』）

と天風は語る。これらの誦句は、『天風誦句集』に収録されている。

なお、『天風誦句集』には、「宇宙霊」のほかに、「神仏」「神」といった表記が見られるが、『運命を拓く』ではすべて「宇宙霊」に統一されている。本書では、『天風誦句集』を底本にしていることを付記しておく。

●「積極人生」を生きるための四つの実践法

天風哲学とは、どんなときも〝積極人生〟を歩もうとする覚悟の哲学であった。天風は、そのための四つの実践法——**観念要素の更改法**、**積極精神養成法**、**クンバハカ法**、**安定打坐法**を説いている。これらを学んだ後で、真理瞑想行を行なうことが望ましい。

以下では、四つの方法のエッセンスを紹介しておこう。

◎観念要素の更改法

潜在意識につまったマイナスの観念要素を、暗示を用いてプラスへと入れ替える方法。自己暗示法と、他面暗示法の二つから成っている。

【自己暗示法】自分で自分にプラスの暗示をほどこす方法。

①連想暗示法——悲しいこと、腹の立つこと、気がかりなことを、いっさい寝床にもちこまない。明るく、勇ましく、微笑ましい積極的なことだけを連想する。このように、寝ぎわに明るく楽しいことを思い浮かべ、潜在意識をプラス化する方法。

②命令暗示法——鏡に映った自分の顔に向かって、自分が望んでいることを命令する願望実現法。例「あなたは信念が強くなる」「あなたは仕事が好きになる」など。

手順は次の通り。

(1) 手鏡に自分の顔を映して、眉間に意識を集中する。

(2)「あなたは……」と二人称で、つぶやきくらいの声で呼びかける。(「あなたは……」のほかにも、「君は……」「おまえは……」など、しっくりくる呼びかけをする)
(3) 自分が望んでいる念願をひとつ選び、真剣に、ただ一度、小声で命令する。
(4) 実現するまで継続的に行なう。

③断定暗示法――寝がけに命令した暗示内容を、翌朝目覚めたときに、断定的口調でくり返す方法。例「私は信念が強くなった」「私は仕事が好きになった」など。
(1) 目覚めた直後に、前の晩に与えた暗示をはっきりと確信をもって断定する。
(2)「私は……」と一人称を使う。
(3) 一日中、何回でも数多く行なう。

【他面暗示法】環境には刺激が満ちている。外界からの暗示を吟味して、マイナス暗示を撥ね退け、プラスの暗示を摂取する方法。

④積極的暗示の摂取――暗示の分析(次の「積極精神養成法」を参照)を行ない、積極的な暗示を取り入れる。消極的な暗示は、積極暗示へと転換して取り入れる。

⑤積極的人間との交際――積極的な人と交わり、付き合う。積極的な人は、プラスの言葉と行動をとる人だ。そんな人は、明るく、勇ましく、溌剌颯爽としている。

⑥積極的集団との交際――集団にはカラー（特色）がある。積極的なカラーの集団を選ぶ。ただし、どんな集団にもマイナスの人がいるので注意すること。

◎積極精神養成法

実在意識に働きかけて、プラスの思考回路をつくる方法。「積極精神でいくんだ！」と決めて、心を勇気づける。間違っても、自分にはできないという安っぽい見切りをつけてはいけない。

①内省検討――現在の自分が思っていることや考えていることが、積極的か消極的かを、つねに客観的（第三者的）に判断し、積極的なものを取り入れ、消極的なものを追い出す。

②暗示の分析――他面からの暗示をつねに分析し、積極的なものは取り入れ、消極的なものは拒否する。

③対人精神態度――言行の積極化と、対人態度の二つから成る。いかなるときにも積極的な言葉と行動を用いる（言行の積極化）。明るく朗らかに、いきいきと勇ましく、溌剌颯爽と何人にも接する（対人態度）。

④取越苦労厳禁——三つの苦労をやめて、心を積極的にする。
・過去苦労……過ぎたことや、今さらどうにもならないことを、いつまでもくよくよと思い煩わない。
・現在苦労……今、目の前にある事柄を、何でも苦にしてしまうようなことをしない。
・未来苦労……まだ来ない先のことを、あれこれと思い煩わない。いわゆる取越苦労をしない。
⑤正義の実行——本心・良心を基準にした行為を行なう。心にやましさを感じることをしない。気がとがめることをしない。
⑥不平不満を言わず、感謝を先にする——不平や不満があると、積極的な言葉が出ない。不平や不満はすべて、感謝の言葉に置き換える。マイナスの出来事は忠告だと受けとり、気づかせてくれて「ありがたい」と感謝する。

◎クンバハカ法

ヨーガの止息の体勢を分析し、「外界からの刺激にびくともしない体勢、心を乱されない体勢」になる方法として天風が創案したもの。ストレスから身を守ることができる。クンバハカとは「もっとも神聖なる体勢」のことであり、この姿勢をとると、人の生命体は霊体化すると言われる。要領は次の通り。
①肛門を締める。
②肩の力を抜く。
③下腹に力を充実させる。
以上の三つのポイントを、三位一体で行なう。

有事の際は、「④瞬間に息を止める」という止息を加えると効果的。実施の留意点として、「肛門を腸のほうに吸い上げ気味にしながら締めること」と、「腹を膨らませ気味にして、肛門を締めること」に注意する。

◎安定打坐法（天風式坐禅法）

天風が創案した、ブザーによる坐禅法。意識を一点（ブザーの音など）に集中させるというヨーガのダーラナ密法をもとに工夫された坐禅法。要領は次のとおり。
①**坐る**——坐り方は、あぐらでも、正坐でもよい。背骨を自然な感じでまっすぐ立てるのが楽で、長続きする姿勢である。目を閉じて、視覚からの刺激を遮断する。

②音に集中する――ひとりでやる場合は、坐禅用CDを用いてブザー（または、おりんの音）に集中する。

(1) ブザー（または、おりんの音）が、十数秒、鳴り響く。

(2) 音に集中することで、雑念や妄念が消え去り〝一念〟となる。

(3) 突如、音が切れる。音に聞き入って〝一念〟となっていた意識は、〝無念〟に達入する。このとき、無念無想の境地が味わえる。つまり、心を静かに安定させ、きれいな心（霊性心）になることができる。

こうして、理性を超越していく。真理瞑想行を行なううえで、欠かせない実践法である。

詳しくは、前著（『中村天風　怒らない　恐れない　悲しまない』）を参照していただきたい。前著では、事例をふまえてわかりやすく解説している。

4章

「生命躍動」の言葉――
悩まない、恐れない、
心配しない

何ものにもとらわれず、いきいき生きる

4章のテーマは、「生命躍動」である。

生きるとは、生命の躍動にほかならない。天風は、ある一時期に、「活潑々地《かっぱつぱっち》」という用語を使ったことがある。『安定打坐考抄』に二回出現する。この用語は、「生命躍動」を見事に表現したものだ。こんな意味である。

活潑々地は、魚がピチピチと躍るさまを文字に写したものだ。そのようすは**生きがよく元気で、なんの煩いもない**というイメージである。このイメージから転用して〝とらわれ〟や〝こだわり〟といった障害がなく、自由自在で生きることを、活潑々地と表わした。その境地は、絶対積極である。

何ものにも束縛されず、前へ前へと突き進む生命の躍動感あふれる働きは、天風哲学の真髄であった。もし人間生命が抑えつけられたら、進化・向上、創造性、積極といった生命の働きは阻害され、萎縮したものになってしまうであろう。そんな抑圧を

跳ね飛ばした生き方が、活潑々地である。

人間生命のはち切れんばかりの躍動感が感じられる。本章では、直接的には活潑々地を取りあげないが、底流にこの躍動感が流れている。


びくびくしていると、生命は萎縮するばかり。萎縮させる最たるものが、恐怖観念だ。怖い、怖いと思って生きていると、世のなかのすべてが自分に攻撃をしかけているとすら錯覚してしまう。天風哲学のスローガンともいうべき「**力だ、勇気だ、信念だ**」を、気合を込めて口にしてみよう。恐怖観念を撃退するものは、勇気だ。勇気が欠けると弱腰になる。信念は、人生の羅針盤である。信念がないと、迷路に迷い込んでしまう。本章では、**生命を萎縮させるものを撃退し、いきいきした生き方**を模索する。

本章で掲げる天風誦句は、「生命躍動」に関する次の四点である。
◎信念の誦句——信念を煥発する誦句。
◎恐怖観念撃退の誦句——宇宙霊を信じて、恐怖を撥ね退ける誦句。
◎不幸福撃退の誦句——心配や悲観をすることなく、幸福を求める誦句。
◎勇気の誦句——勇気によって、瞬発的な心の力をつくる誦句。

「信じる」から、道が拓けてくる

疑いの方から考えようとするから、
自分というものが
小さな存在になってしまっている。

● 自分の生き方を疑わない、信じる。

疑うことで、科学文明は発達した。疑うことと証拠や証明を求めることとは、裏腹の関係だ。つまり、科学は、証拠（証明）を示さないと納得しないのだ。

ところが、証明できるものばかりではない。

たとえば、人間の生き方。——自分の生き方を疑って、疑って、疑い抜いて、そのうえで〝正しい生き方はこれだ〟と証明するとしたら、人間は萎縮するよりほかなくなる。また、人間を研究対象にするには、一定の単位に人間を切り刻んで、それぞれの範囲だけを研究すれば科学的に証明できるだろう。しかし、そうしたところで、正しい生き方を示したことにはならない。

人間とは、ピチピチと生命が躍動する心身一如の存在である。生まれながらに本性（霊性、本心）が備わり、宇宙霊とつながった生命体だ。人間をまるごと悟るには、真理瞑想行によるほかはない。

本章では、生命力溢れる生き方に欠かせない信念や勇気などを見ていくことにしよう。それは、〝疑う〟こととは正反対の、**〝信じる〟ことからつかめる生き方**である。

「信念」があれば、恐れるものは何もない

信念が煥発されると、
「これが本当に自分の心か」と思うほど、
ありがたさが自分の心に生じてくる。

〝信念〟とは、霊性心に根を張った思い。

信念とは、揺らぐことがない考えのこと。あるいは、ひとつの考えを信じて動じない心である。そもそも、私たちの信念はどのようにして形成されるのだろうか。

たとえば、現代人にとって、地動説は信念になっている。だから、「地球が宇宙の中心で、そのまわりを日月星辰が巡っている」という天動説を、迷信だと考えるだろう。しかし現代人の信念も、天動説を信じていた中世の人々の信念も、信じるということについてはさほど違いはない。どちらも時代の権威に教えられた常識だった。

では、天風哲学における信念とは何か。**念（思い）が霊性心に根ざすこと**である。つまり、霊性心に根を張った不動の心境を、信念という。右の言葉の大意はこうだ。

「信念が煥発（輝き顕われること）されて、霊性心に根を張った不動の心境に至ると、〝これが本当に自分の心か〟と思うほど、ありがたさが湧いてくる。心に静けさが宿り、絶対的な境地となるからだ」

心は、「本能心→理性心→霊性心」と深化していく。一般的な信念は、本能心や理性心で信じられたもの。これに対して、天風の信念は、霊性心に根を張ったものだ。

自分を強くできるのは、自分だけ

鏡を利用する自己暗示法を
真剣に実行しさえすれば、
信念はどんどん煥発される。

●寝ぎわに「あなたは、信念が強くなる」と暗示してみる。

どうすれば、信念を煥発することができるのか。天風は、

「**信念は、生まれながらにして、霊性意識の中に入っているものであるから、雑念妄念を除けばぐんぐん出てくるのだ**」(『運命を拓く』)

と語る。雑念や妄念を除くと同時に、自己暗示法によって信念を引っ張り出す。

「あなたは、信念が強くなる」

と、寝ぎわに命令暗示するのだ。目が覚めたら、「私は、信念が強くなった」と断定すれば、次第に信念が湧きあがってくる。この方法が、右の言葉の「鏡を利用する自己暗示法」である。じつは、天風が教える信念には、二つの側面がある。

◎**実在意識から送り込む念が信念となる**——実在意識で考えた念(理想など)を潜在意識に浸透させて信念化する方法。願望実現法と結びついている。

◎**霊性心から信念を煥発する**——人は生まれながらに、真理(宇宙真理)のなかに生きている。雑念や妄念を除きさえすれば、真理は自覚される。さらに自己暗示法で煥発する。すると、霊性心に根を張った念が育ち、心は絶対的な境地に置かれる。

「迷信」なんてものに、惑わされない

迷信ということは根も葉もないことなのだ。
根も葉もないのに、
根や葉をつけるからいけない。

〝根や葉〟の嘘を見抜く。

根も葉もないとは、まったく根拠がない、ということ。

土用の丑の日にうなぎを食べるようになったのは、江戸時代、平賀源内《ひらがげんない》（江戸中期の博物学者）が考案した販売キャンペーンによるものだった。夏に、売り上げが落ちて困っていたうなぎ屋に知恵を授けたのだ。これは、あえて〝根や葉〟をつけることで、うなぎを食べる習慣をつくった、という事例である。

では、根も葉もないところに、根や葉がつけられて迷信となり、これがはびこっていく背景には、何があるのか。

「信念がなく、心が消極的になっているから、迷信などに走る」（『運命を拓く』）と、天風は言う。迷信を信じる心は、本能心であろう。本能心だけが〝根や葉〟にころりと騙される。本能心の裏には、恐怖が巣くっている。消極的な心は、藁をつかむ思いで迷信に救いを求めてしまうのだ。

理性心は〝根や葉〟に証拠を求め、なければ是認しない。霊性心なら〝根や葉〟の**嘘を見抜いて、これを直感的に撥ね退ける。**

まず、「思う」こと

誰でもが一角《ひとかど》の人間になれる。
誰でもが成功できる。
誰でもが優れた偉さを発揮することができる。

『力の結晶』

●信念を持てば、自分を発揮できる。

右の言葉は嘘ではない。——誰だって、一角の人物になり、成功し、偉さを発揮することができる。ただし、そのためには「信念＋努力」が不可欠だ。

◎自分は絶対に、一角の人物になる、成功する、偉さを発揮すると信じる。（信念）

◎信念を堅持して、心身を労して実現に努める。（努力）

天風が若かったころの話だ。字がうまく書けるようになりたいと考え、書家に手本を書いてもらったことがある。これを真似した字を持っていくと、

「おまえの書いた字じゃないな」

と一言。続けて、

「真似した字を書こうとするんじゃない。そんな字は、お前の字じゃない。そうじゃなく、うまくなれると信じて書け。そうすれば、個性が出る。その字には、お前と言うものの、本当のうまさが筆の先に出るんだ」

どういう意味か。信念を持ってやり続ければ、その人ならではの〝一角の人物〟となり、かならず〝成功〟し、〝偉さの発揮〟ができるということだ。

むやみに「恐れない」

瞬間の恐怖でも、
恐怖したことは一生忘れないという、
思い出の中にはっきりした形で残るだろう。

『力の結晶』

●恐怖を取り除かないと、人生は縮こまってしまう。

消極的な感情のなかでも、**恐怖**ほどインパクトがあるものはない。

深夜、闇のなかを、サッと黒いものが横切った――反射的に身構えた次の瞬間、ザーっと悪寒が走る。一瞬の恐怖が心を貫く。恐怖は、潜在意識に刻印されやすい。その印象は永続的で、やがて何らかの形で現実化する。

たとえば、迷信を信じさせるのも恐怖心からだ。試合の前に「勝つ」にこだわり、語呂合わせだと知りながら、かつ丼を食べたとしよう。これが積極心からの行動ならいい。しかし、心のどこかに恐怖があるなら、問題はかつ丼でなく、恐怖心にある。

「立派な人生をつくるのには、その人生設計の中から、恐怖というものを取り除かねばならない」（『運命を拓く』）

と天風。**生命の躍動を阻害する、その最たるものが恐怖**である。では、どうすれば恐怖を取り除けるのか。

宇宙霊が守っているから、怖れることは何もないと信じること。天風は「恐怖観念撃退の誦句」（149ページ）のなかで、宇宙霊の力を信じよ、と強く説いている。

心配はしない。備えるだけ

心配や悲観というものは
絶対に無意味だ。
否、無意味というより破壊に終わるのだ。

●生命を躍動させて、心配と悲観を超える。

右の言葉の大意はこうである。「心配も悲観もマイナスの感情だ。マイナスからは、何ものも建設されない。いや、それどころか、マイナスのエネルギーによって人生は退廃し、破壊されて終わるものだ」

心配の根っこには、恐怖がある。が、本人はこの恐怖に気づいていないことが多い。恐怖心こそ、生命力を奪い、命を縮めさせるものなのに……。もちろん、人生に危険があるのは承知のうえ。これを**心配するのではなく、正しく危機管理する**ことだ。

また、悲観は、希望が見えないときに発生する。どんな困難や逆境にあっても、一《いち》縷《る》の望みさえあれば、悲観には至らない。心に希望を抱くことだ。

天風は、人が生きるうえでの基準を〝生命〟に置いた。心配や悲観といった感情が心を支配すると、生きる力が衰える。そんな生命を萎縮させる生き方を強く戒めた。

そうではなく、**生命をいきいき躍動させる**。生命力が旺盛になり、進化・向上へと向かうなら、人は生きる意味を見出すことができる。これが、積極という生き方だ。

そのために指導した方法が、心身統一法にほかならない。

悲しみは、「明日に先送り」してしまえ

悲しくば、
あす悲しまめ　今日の日は
光うるおしく　吾れを　照らすを

●せめて今日一日は笑顔で過ごす。

右の歌は、天風がつくったものである。

悲しいときは、この悲しみを〝明日、悲しもう〟と先送りし、**せめて今日という一日は笑顔で明るく過ごそう**と決意する。

そして、明日がやって来る。目覚めると、明日はすでに〝今日〟だ。明日は永遠にやってこない。——この歌は、悲しみを否定していない。〝悲しむな〟という歌ではなく、悲しみに寄り添った積極の歌である。

ところが、悲しくないと強がる人がいる。これは、積極を曲解している。悲しいときは、悲しい——これが素直な心だ。ただ、**悲しみ過ぎず、心機の転換をはかる**。天風の歌は、そういう歌である。

ほかにも、天風はこう歌う。「ふたたびは　来らんものを　今日の日は　ただ　ほがらかに　活きてぞ　たのし」「人おのおの運命《さだめ》に活きる人世なれば　心おおらかに過ごさんものを」——二度とない人生、**いろんな境遇がある人の世ではあるが、おおらかに過ごそう**。そんな人情のようなものが垣間見られて面白い。

「命が弾む言葉」を大切にしよう

相手のいった言葉に
ひっかからないようにしなさい。

●生命をいきいき躍動させる言葉を使う。

「顔が青いよ。どこか悪いんじゃない？」

相手は、親切で言ったつもりかもしれない。が、この言葉には毒がある。

「豆は、青い方がうまいんだ」

そう言い返して笑い飛ばしてしまえ、と天風は言う。続けて、

「相手のいった言葉にひっかからないようにしなさい」（『運命を拓く』）

と教える——これが右の言葉だ。言葉には、暗示の力がある。親切で言った言葉が相手の不安感を増幅させ、生命を萎縮させかねない。

ひっかからない方法として、天風哲学では「暗示の分析」と「他面暗示法」を教えている。こんな内容だ。

◎**暗示の分析**——取り入れていい暗示か、避けるべき暗示かを見分ける。

◎**他面暗示法**——外界からのマイナス暗示を撥ね退け、プラス暗示を摂取する。

基準は、**生命がいきいき躍動するか**、それとも萎縮するかだ。どんな親切な言葉も、命が弾まない言葉なら、どこかに毒がある。撥ね退けるべきだ。

「心穏やかに生きる」コツ

勇気がなくなると哀れなもの。
四六時中本当にやすらかな気持ちで
人生を活きることが出来ない。

●勇気は、どんな消極をも乗り越える。

勇気ほど大切な気概はない。

「勇気というものは、人生を統一する一切の根本基礎なのだ」(『運命を拓く』)

「心を積極的にする要点は何かというと、勇気の煥発だ！」(同書)

人生の基本に勇気を据える。それだけで、積極を保つことができる。**本当の積極とは、台風の目のように静か**で、何ものにもとらわれない境地である。右の言葉の「やすらかな気持ち」とは、この境地を説明したもので、これを〝虚心平気〟という。

◎**心が虚《きょ》とは**——虚は〝無い〟こと。反対語は「実」で〝有る〟こと。つまり、虚心とは、心に湧きあがる雑念や妄念がなく、何ものにもとらわれない心境をいう。

◎**気が平《たいら》とは**——平は凹凸がないこと。何か有事が発生しても、心に波風を立てないこと。つまり、平気とは、平和で穏やかな心境をいう。

「**勇気というものが、虚心平気という大境涯に入る経路なのである**」(同書)

と天風。マイナスが満ちていても、ぐっと勇気を奮うとき、人は〝積極〟へと気持ちを転換させ、次には〝本当の積極〟へと心を穏やかにさせることができる。

「幸福だなあ」を口ぐせにする

出来るだけ平素、
幸福の方面から人生を考えよ。

●「幸福だなあ」と受けとめると、感謝せずにはいられない。

プラス発想を教えるのに、コップに入った水の事例がよく使われる。コップに入った水を、まだ半分もあると受けとめる。——プラス発想。あと半分しかないと考える。——マイナス発想。

右の天風の言葉は、コップの水どころの話ではない。**人生そのものを、幸福という方面から考えよ**、とスケールが大きい。たとえば、病にかかった……。

「幸福だなあ」

と受けとめるのだ。すると、脳は幸福の理由を考え始める。病が幸福なのは、

「まだ、生きてるって証拠だから」

「もっと養生しなさい、と警告してくれたから」

理由は何でもいい。天風はヨーガの里で、「おまえは幸せだなあ。病があったから、こうやって真理を学べているのだから」と、聖者カリアッパ師から説かれた。

自分が置かれた状況や境遇を「幸福だなあ」と断定する。すると脳は幸せの理由を探し始める。次に湧きあがるのは感謝であり、**生命は躍動しないではいられない。**

「楽しい」と思えば、
本当に楽しくなってくる

楽しみは楽しみ、苦しみは苦しみ、と
別にしてしまうから、苦しいことばかり。
その苦しみを、楽しみに振りかえる。

●「仕事を遊びにする」だけで、生命は躍動する。

少年時代の天風は、熊沢蕃山《くまざわばんざん》（江戸時代の儒者）の伝記を読んだ。そのなかに、

「憂《う》きことの　なおこの上に　積もれかし　限りある身の　力ためさん」

という歌を見つけ、蕃山の気概に心が震えた。こう解説する。

「〝**憂きことよ、なおこの上に、つもれつもれ。俺は、決して、それに負けはしないぞ**〟**という気持ちだ**」（『運命を拓く』）

この解説は、天風自身の心境を投影したものであろう。

軍事探偵として従事したとき、傍目からは辛く見えるこの仕事が楽しかった、と述懐している。満州で捕らえられ、手かせと首かせをはめられたとき、「**生まれながらこの姿だと思えば、なんでもない**」と、体の不自由を撥ね飛ばす。天風には、「苦しみを、楽しみに転じる」という考え方が身についていた。

右の言葉の延長線上には、仕事と遊びを別にするのではなく、「仕事を遊びにする」あるいは「仕事を趣味にする」という発想がある。いい意味で仕事を遊びにすると、生命は躍動する。**楽しくなるとパワーは倍増する**ものだ。

「面倒くさい」と言わなければ「面倒くさくない」

齢をとったから覚えられないんじゃない。
齢をとり、億劫《おっくう》になるから、
覚えようとしない。ただそれだけだ。

●面倒くさがらない人は、いつまでも若い。

右の言葉に出てくる「億劫」――億劫とは、面倒くさくなって、気が進まない状態である。**進化・向上に逆行するから、生命の活動は停滞**する。天風は、

「私は、六十越してから、記憶力が非常に良くなった」（『運命を拓く』）

と語っている。九十二歳まで各地で講演し続け、心身統一法を普及し続けたのも納得がいく。億劫がらないことだ。

身なりをきちんと整えていた人が、定年後に、パシャマかそれに近い格好で過ごすようになった。その人は、

「出かけるのが、億劫になって……」

と家にこもりがちだが、じつのところは、ちゃんとした格好に着替えるのが面倒くさくなったのだろう。出かけるのが億劫というより、生活が億劫になったのだ。

少しでも面倒くさくなったら、**形から刺激する**という手がある。まず、ちゃんとした格好に着替えて、出かけることだ。**若くても、億劫になったら年寄り**である。どんなに歳をとっても、億劫がらずにいる人の生命は躍動している。

体が不快でも、心まで不快にするな

よしんば不快な感覚があっても、
それはそれとして、
それに取り合わない。

●不快な感覚があっても、ひとまず置いておく。

右の天風の言葉には、二つのキーワードがある。

◎「**それはそれとして**」——この言葉には、不快な感覚はあるけれど、ひとまず置いて……、とクッションを置く知恵がある。体調が悪いと、愉快になれない。心にまで影響する。そんなときに、「それはそれとして」と言葉を挟むと、心と体の影響関係を柔らかく断ち切ることができる。

◎「**それに取り合わない**」——この言葉は、有無を言わさない。体が不快だからといって、**心まで不快にするな**、ということだ。きっぱり遮断する言葉である。

これら二つを組み合わせた、右の言葉の大意は次のとおり。

「たとえ肉体に不快な感覚があったとしても、そんな感覚は棚にあげ、心まで不快にすることはない。不快な感覚に取り合わないで、心は心で愉快にいこう」

誰だって、「頭が痛い」「熱がある」「気分が悪い」というときには、不快な感覚が生じる。これは当然だ。が、体が不快だからと言って、心まで不快になっていいのか。**心は心**だ。「それに取り合わない」のが、天風哲学である。

怒りを感じても、執着しないこと

握ったら放さない。
それがいけないのだ。

●〝消極的な感情〟は、さっさと手放す。

怒り、恐れ、悲しみ……など、消極的な感情が湧いた。どうすればいいのか。

「感じたと同時に、手放す」

これが天風のやり方だ。怒りを感じた。と同時に、パッと怒りを手放す。すると、外見は、まったく怒っていないように見える。

「私なんかも、その昔、悟りの開けない時分にはよく怒ったもんだ」（『運命を拓く』）と述懐している。天風が怒りを手放せるようになったのは、ヨーガの里における修行においてだ。――どんなに悟った人も、人間であるかぎり、怒りや、恐れや、悲しみを感じるのは、当たり前。しかし、悟った人は、**感じた瞬間に、手放す。執着しないのだ**。ここが、普通の人と、悟った人の違いだと言える。

悲しみを手放せない人は、悲しみに執着し、悲しみにこだわって命をすりつぶしていく。消極には、どんと積極をぶつけてみる。たとえば、笑う。遠慮なくゲラゲラ笑って、愉快な感情で心を揺さぶる。その衝撃で、消極的な感情を手放さないではおれない。大切なことは、命をすりつぶすのではなく、生命を躍動させるということだ。

信念の誦句

信念――それは、人生の進路を定める羅針盤のようなもの。まことに尊いものだ。では、信念がない人生とは、いかなるものか。羅針盤がないボロ船のようなものだと言えよう。羅針盤なくして、長い航海などできない。

だから、私は真理に対してはいつも純真な気持ちで信じよう。なぜなら、真理を信じて動かない心こそが、信念だからだ。

いや、信じることに努力しよう。そうだ、信念を煥発し続けるのだ。

〈原文〉信念　それは人生を動かす羅針盤の如き尊いものである。
従って　信念なき人生は、丁度長途《ちょうと》の航海の出来ないボロ船の様なものである。
かるが故に　私は真理に対してはいつも純真な気持で信じよう。

否　信ずることに努力しよう。（後略）

恐怖観念撃退の誦句

心が安定を失った状態とは、三つの消極観念——怒る、恐れる、悲しむ、という状態にあるときだ。なかでも注意しなければならないのは、恐怖観念である。

恐怖観念だけで描いた絵を想像してほしい。一筋の希望もなく、観る人のエネルギーを吸い取るような醜い消極的な絵であろう。

そんなわけから、恐怖観念は生命を萎縮させる。健康を損なったり、運命が閉ざされてしまう。こういうときであっても、宇宙霊が「私を守ってくださる」と信じることだ。宇宙霊の力を信じるなら生命は躍動し、何事も恐れることはない。

〈原文〉（前略）心の安定を失うことの中で、一番戒《いまし》むべきものは恐怖観念である。

そもこの恐怖なるものこそは、価値なき消極的の考え方で描いて居るシミだらけ

な醜い一つの絵のようなものだ。（中略）
故に健康は勿論《もちろん》　運命の阻《はば》まりし時と雖も、本当に私は私の背後に、私を守り給う宇宙霊の力のあることを信じて、何事をも怖れまい。

不幸福撃退の誦句

どんなに困ったことが発生しようと、私はもう決して心配せず、悲観もしないよう心がけよう。なぜかというと、無意味に心配したり悲観したりすればするほど、心のなかで心配したり悲観したことが、やがて現実となって具体的に現れてくるからである。

進化・向上という偉大な宇宙真理に則して、人間が人間らしくあるときにのみ、人間に恵まれた生命躍動の幸福を受け得る。

だから、私は、宇宙霊の心とともにあり、宇宙霊の力を得て、心配や悲観という価値がないことを断じてしない。そして、宇宙真理に則した正しい人生に生きよう。

〈原文〉私はもう何事が自分の人生に発生しようと、決して徒らに心配もせず、又悲観もしないように心がけよう。それは徒らに心配したり悲観したりすると、すればする程その心配や悲観する事柄が、やがていつかは事実となって具体化して来るが故である。(中略)
人間が人間らしくある時にのみ、人間の恵まれる幸福を享《う》け得《う》る。
だから私は　神の心と神の力に近寄るために、心配や悲観という価値なき事を断然しないことにする。そして真理に則した正しい人生に活きよう。

勇気の誦句

勇気は〝心の力〟を高める圧力である。これが人間生命に与えられた宇宙真理だ。

自分や他人の人生に泥をぬるような価値が低い情念が発生したら、これに打ち克つ強い心を、勇気を喚発することによってつくるのだ。

そうだ。初めから終わりまで、一貫して勇気、勇気で押し切るのだ。

〈原文〉(前略) 人間の心の力は、勇気というものでその圧力を高めるのが、人の生命に与えられた宇宙真理である。(中略)
自他の人生を泥ぬるが如き価値なき低劣な情念が発生したら、それに立派に打ち克ち得る強い心を作るために、大いに勇気を煥発することに努めよう。
そうだ　終始一貫　勇気勇気で押し切るのだ。

5章

「運命好転」の言葉——心に「最高の絵」を描いてみよう

「運命」は必ず好転する――幸福をつかむコツ

生きるとは、運命のただなかに放りだされることである。

人間は、自分の意志でこの世に生まれたのではない。だからと言って、不幸になるために生まれてきたのでもない。この章では、せっかく生まれてきた人生で、**どうすれば幸福が獲得できるか**を考えよう。

当然のことながら、この世は楽しいことばかりではない。それどころか、望まないことがふいに発生する。さまざまな困難があるのが人生だ。この意味で、生きるとは問題解決業だ、と言える。

たとえば、逆境のときをどう乗り越えたらいいのか。

天風は、「**苦を楽しめ**」と教えた。楽しめば、生命は躍動する。それは、心の持ち方次第。**幸福とは主観**だ。心の持ち方によって、人は逆境を乗り越え、幸福を創造することができるだろう。

もちろん、逆境の苦しみを苦しみとして、苦しみを甘受《かんじゅ》して生きる道もある。しかし、そんな道を歩むと、生命は萎縮し、幸福から遠ざかるばかりだ。

天風が勧めるのは、苦しみをも楽しむという道である。

ほかにも、病にどう対処すればいいのか。

誰にも訪れる死をどう受けとめたらいいのか。

運命にどう立ち向かっていけばいいのか。

望んだとおりの人生を実現するには、どうしたらいいのか。

こうしたことも、本章の守備範囲である。これらをまとめて、**「運命好転」**というテーマに集約しよう。

「運命好転」に関する天風誦句は、次の四点である。

◎運命の誦句——感謝と歓喜によって、運命を好転させる誦句。

◎坐右箴言——宇宙霊との結び目を汚さないと誓う誦句。

◎想像力の誦句——想像の作用を善用する誦句。

◎一念不動の誦句——盤石の信念と、熱烈な誠《まこと》で、思いを実現する誦句。

「理解」ではなく「自覚」が大事

悟れば、一瞬にして幸来《さち》たる。

●宇宙真理を悟れば、運命は一瞬で好転する。

悟りとは——①真理を感じたときの心の状態（51ページ）。②自覚すること。これらが天風の悟りの定義であった。さらに筆者の解釈を加えれば、③霊性心の意識レベルでわかること。④理入すること。以上が真理瞑想行における悟りの定義である。

『運命を拓く』を理性で読み、〝理解〟にとどまっているかぎり物事は動かない。**自覚したときに物事は動きだす**。真理瞑想行は、右の天風の言葉の「悟れば……」に焦点を当てた行修だ。〝悟り〟を〝自覚〟に置き換えて、大意を示しておこう。

「宇宙真理を自覚すれば、求めずとも運命は完全になり、瞬時に幸福が訪れる」

また、次のように言える。

「宇宙真理に則した正しい人生観を自覚すれば、宇宙霊からプラスの気を大量に受容して事態は好転し、一瞬にして健康も幸運も獲得できる」

3章～4章では、「積極人生」「生命躍動」といった観点から〝人生に絡まる宇宙真理〟を解説してきた。これらを悟れば〝一瞬にして幸来たる〟つまり、**運命は好転するる**というのが、本章の役割である。

「運命だから」と簡単に諦めない

思慮が足りないか、力が足らないかの理由で
運命が開けないことを、
どうすることも出来ない運命だ
と決めてしまうのは軽率極まりない。

●まずは、自分を鼓舞して前を向くこと。

「受験がうまくいかなかったのは、それが運命だったから……」

「仕事でうまくいかなかったのは、運命によるものだ……」

何か問題が発生するたびに〝運命だ〟と諦める人がいる。天風なら、

「運命だと決めつけるのは軽率だ。**どうにもならない運命なんて、わずかしかない。**だから、**できない理由を、〝運命〟ではなく〝自分〟に求めてごらん**」

と諭すだろう。あなたなら、できない理由を次のどこに求めるだろうか？

◎外に理由を求める人――運命だと諦めるのはこのタイプ。できない理由を外に求めて、「○○のせいだ」が口ぐせ。自分に責任がなくて楽だが、未来は拓けない。

◎内に理由を求める人――消極タイプと、積極タイプの二種類がある。

消極タイプ――「目標を大きく持ったのがいけなかったんだ」と、自分を責めて落ち込む。生命が萎縮する。未来は拓けない。

積極タイプ――「思慮が足りなかった」「力が足らなかった」と反省。自己改善して前を向く。宇宙エネルギーが注がれ、生命が躍動する。未来を拓くことができる。

「変えられる運命」には、どんと立ち向かう

逃れ能《あた》わざる運命と、
逃れ得る運命と
二色《ふたいろ》あるんだよ。

『力の結晶』

●たとえ失敗しても、再挑戦のドアを開けよう。

◎逃れられない運命――**天命**という。天命は人間には変えられない運命である。
◎逃れられる運命――**宿命**という。宿命は**人間の力で変えられる運命**である。

この二つに区分するのが、天風の運命論だ。

天命とは、天（宇宙霊）が命じた運命であり、万人に共通したもの。たとえば、この世に生まれたこと。どの家に生まれ、どんな親を持つかを、自分では決められないこと。やがては、誰もがいつか死ぬこと。これらは、人間の力では変えられない運命である。今、生きている人が、天命に属することで悩み、

「こんな家に生まれてこなければよかった」

「歳をとるのはイヤだ」

と嘆いても、どうにもならない。天命に属することは、天に任せる。任せる気持ちが、積極である。そして、**人間の力で変えられる宿命には、どんと立ち向かっていく**。

受験がうまくいかなかった……。仕事でとんでもないミスをした……。暗くならずに、前を向く。気持ちを切り替え、再挑戦のドアを開けば運命は変えられる。

心が「積極的になる」と、すべての問題が消える

積極的な気持ちになると、
一切の問題は、
氷が熱に合ったと同じように溶けちまう。

『力の結晶』

●氷が溶けるように「問題を解決する」法。

運命は「天命」と「宿命」に区分される。それぞれに次の解決法がある。

◎天命の解決――天命に属する問題は、天に任せる。**任せたら、いつまでもくよくよしない。**この任せる気持ちが、心に安心と安定を与え、未来に目を向けさせる。

◎宿命の解決――**気持ちを積極的にすれば、氷が溶けるように問題自体が溶けてなくなってしまう。**この方法が、右の天風の言葉に示された、宿命の解決法だ。

問題の多くは、消極的な気持ちから生まれる。たとえば、仕事が嫌《いや》になると、派生的に問題が発生するものだ。これらの問題を一つひとつ解決してもキリがない。そうではなく、心を積極的にするだけで、問題自体を消し去ってしまうことができる。

「雪は折らん　竹は折れじと凌《しの》ぐ間に　風吹き払ふ　東雲《しののめ》の空」（角倉羅窓《すみくららそう》）

という歌がある。冬の夜、雪がしんしんと降り積もる。竹の枝や葉に雪が積もり、まるで枝をへし折ろうとするかのようだ。竹は耐え、両者のあいだの凌ぎを、作者は〝問題〟と見立てた。が、空が明るんできたころ、一陣の風（積極の風）が吹いて雪が落下。問題自体が吹き飛ばされて消えてしまう。こうして宿命は消え去る。

蒔いた種のとおり花が咲く

消極的な気持ちが、心の中にあるならば、
くだらぬ宿命を招き寄せる種を
蒔いているのと同様の人だ。

●積極的な気持ちが、人生を拓く〝プラスの種〟を蒔かせる。

消極的な気持ちが心を支配していると、どんな種を蒔いても消極的な種になり、くだらない宿命を招いてしまう。——これが右の言葉の意味だ。

心の土壌がマイナスだと、たえずマイナスの養分を吸い続けた種は、途中で枯れるか、マイナスへと変化してしまうにちがいない。だから、**心の土壌をプラスにすること**だ。そのうえで、種を蒔くとどうなるのか。

「蒔いた種のとおり花が咲く」（『運命を拓く』）

たとえば、向日葵《ひまわり》の種を蒔けば（原因）、向日葵の花が咲く（結果）。この法則を、**コンペンセーション（報償《ほうしょう》）の法則**という。

秋、樹から一枚の葉が落ちる。重力に引かれてまっすぐ落下するはずが、タイミングよく風が吹いて、その葉は何十メートルも向こうに吹き飛ばされたとしよう。風に相当するものが縁（間接要因）である。心の土壌も、縁だ。〝縁〟と呼ばれる間接要因が介入することによって、想定以上の結果が生じたり、生じなかったりする。

どんな縁がふりかかるか。**予期せぬ風が吹くから、人生は面白い。**

「悲観しない」は、福のもと

環境をやたらに呪い、
運命をやたらに悲観する人が多くはないか。
そういう人間は、本当の幸福は感じない。

●消極を排除したら、心の奥から幸福感が湧く。

この世に生まれたというのは、運命のただなかに放り出されたということ。その**運命を、自分がどう引き受けるかで人生は決まる**。右の言葉を解説しよう。

◎「環境をやたらに呪う」——自分が置かれた境遇を恨むこと。たとえば、「あの人はお金持ちの家に生まれたから順調なのだ」と、理屈をつけてひがむのは、自分が置かれた境遇を呪っているのと同じ。幸福を感じることはできない。

◎「運命をやたらに悲観する」——運命には「天命」と「宿命」の二つがあった。天命を悲観する——人間にはどうしようもないことを、悲観すること。どこかで気持ちを切り替えないと、死ぬまで不安がつきまとう。処方箋のひとつは、天に任せること。任せた瞬間に、天（宇宙霊）とつながることができる。

宿命を悲観する——宿命を嘆く背景には、消極的な気持ちがある。気持ちを積極的にすれば、プラスの種が蒔かれ、運命を拓くことができる。

幸福か不幸かは、心の持ち方によって決まる。つまり、主観である。呪うことをやめ、悲観することをやめれば、幸福感が湧くことだろう。

37

「有ることが難しい」から、ありがたい

感謝に値するものがないのではない。
感謝に値するものに気がつかないでいるのだ。

●「当たり前ではない」と気づいたとき、感謝の言葉が口を衝《つ》く。

睡眠から目覚めると、天風は**いつも「ありがとう」と、感謝の言葉を口にした**。なぜ、目覚めたことに感謝し続けたのか。

「**あなた方は生きているのが当たり前だ、目をさますのが当たり前だ、とこうなるんだ。当たり前じゃありませんよ**」（『成功の実現』）

と語る。軍事探偵だったころ、死線を経験した天風には生きていることは当たり前ではなく、「有難い」ことだった。つまり〝**有ることが難しい**〟ことだった。この心境を実感するには、死ぬか生きるかの大病や事件から生還した瞬間を想像することだ。

右の言葉の大意は、次のとおり。

「陽が昇るのも、目が覚めるのも、当たり前だと思っているから、感謝しないだけのこと。当たり前だと思っていたことが、当たり前ではないと気づいたとき、感謝に値するものに気づく。気づけば、感謝しないではおられない」

余命数カ月と宣告されると、すべてのものがあと何回経験できるのかと、当たり前ではなくなる。当たり前ではないと気づいたとき、世界の見え方が変わる。

こだわらなければ、自由でいられる

病のある人、あるいは運命のよくない人も、
決して、その病や、運命に、
心をこだわらせないことだ。

●心を水のように「自在に働かせる」コツ。

「病のときに、病にこだわれば、病に負けてしまう」（『運命を拓く』）
「運命のよくないとき、運命にこだわれば、運命に負けてしまう」（同書）

こだわるとは、心が一カ所から離れないこと。凝り固まることである。**心がどこかで固まると、気はそこで滞留**してしまう。天風が好んだ沢庵《たくあん》和尚は、水と氷の比喩を使って、心が凝り固まるという状態を説明した。

水なら手や顔を洗えるといった自由な使い道がある。が、水が凍って氷になると、水の自由な働きは奪い去られてしまう。同じように、何かを思いつめて凝り固まった心は、心が本来持っている自由自在な働きを奪い去ってしまう（『不動智神妙録』）。

病にこだわると、気が滞留し、命の流動性が失われる。運命にこだわると、宿命を動かすことができない運命にし、開運できなくしてしまう。

病や運命に**こだわらなければ、心は水のような自在さを取り戻す**。人間という身体の内部で気が流れるだけではない。人間と宇宙霊のむすびつきにも流動性がもたらされ、宇宙エネルギーが注がれる。こうして生命は、いきいきと躍動する。

病は「忘れる」ことが治療になる

咳がひとつ出てもすぐ、
肉体に命があると思ってるものだから、
非常に神経を過敏にしちまう。

『力の結晶』

●「ただ放っておく」だけで、奇跡が起こる。

右の言葉の大意は、次のとおり。

「肉体に命が備わっていると勘違いしているものだから、咳がひとつ出ただけでも、体は大丈夫か、命に別状はないかと、過敏に反応してしまう。しかし、命の力が本当に備わっているのは、肉体ではないのだ」

命は肉体に備わっている——この思いが間違いのもとだ、と天風は指摘する。

命は霊魂に宿り、霊魂という気体が肉体を生かしている。つまり、人間の正体は、霊魂なのだ。そして、心や肉体は、霊魂がこの世（現象界）で活動するために与えられた道具にすぎない。これが天風の人間観である。

だから、咳が出たくらいで過敏に反応する必要はない。病にこだわれば、病に負けてしまう。たとえば奇跡が起こるのは、肉体を生かそうと霊魂が強く働いているときに、余計な介入をしないときだ。——ただ、放っておく。このことを天風は、「**病は忘れることによって治る**」と語った。咳がひとつ出ただけで過敏になり、心が大騒ぎを始めると、奇跡は起きたくても起こらない。

自分を「小さく見積もる」のは、もうやめよう

諸君は、自分の分《ぶん》が、十あるのに
四くらいしか知らない。
そして、四くらいしか使えない能力でもって、
十のものを持ち上げようとするからいけない。

●区切りを消し去れば、〝四〟の力が〝十〟に化ける。

右の言葉から得られる教訓は、「**自分を小さく見積もるな**」ということだ。——紀元前の昔のこと。孔子（儒教の祖）の弟子のひとりが、こんな弱音を吐いた。

「先生が説かれる道は素晴らしいのですが、私には力がなくてついていけません」

これを聞いた師の孔子は、厳しい口調で指摘した。

「**今、おまえは、自分に見切りをつけてしまった（今女《なんじ》は画《かぎ》れり）**」（『論語』雍也篇）

原文は、「**今女画**」。この三字を、筆者は人生訓にしている。弱音を吐きたくなると、この三字が頭のなかで点灯する。〝女〟は〝汝〟と同じ。〝画〟は「区切る」の意。**区切りなんて、現実にはどこにもない**。ただ、その弟子の意識のなかで、「自分はここまでしかできない」と区切って、見切りをつけただけの話だ。

自分を小さく見積もってはならない。宇宙エネルギーと潜勢力を総動員させれば、ちっぽけな〝見切り〟など突破できる。たとえ肉体の力は〝四〟しかなくても、総動員すれば〝十〟の力で〝十〟のものを持ちあげることができる。総動員させる**キーコンセプトは、積極**である。

心に「最高の絵」を描いてみる

想像作用を善用しなきゃ駄目だよ。
善用するには程度の高級なものを
組み立てるようにしてごらん。

『力の結晶』

●自分の夢をありありと想像してみる。

想像力は、人間だけに与えられた武器だ。天風による定義は、次のとおり。

「（想像とは）現在の自己の人生に存在しない事柄をも、いろいろ広く大きくああだこうだと思い考えること」（『力の結晶』）

想像力を善用するか、悪用するかは、個々人に任されている。

◎想像力の善用——あれば**世のなかの役に立つものを想像力によってありありと描き、これを現実化する**こと。善用すれば、人類を進歩させることができる。このためには、気高い〝理想〟をあわせ持つことである。

◎想像力の悪用——自己本位の想像をして、自分勝手な欲望や利益を描き、これを現実のものにする。悪用には、一定の歯止めが必要だと天風。一線を越えると、宇宙霊の見えざる制裁があるという。

想像力なくして、自分の夢を実現させることはできない。天風は「想像力の誦句」において、**高級なる想像の絵を心に描こう**（225ページ）と提言する。霊性心を喚発したときに、最高の絵を描くことができる。

天風式「願望を実現する法」

求むるところのものを、

「実現する！　実現する！」

と繰り返し自己自身にいう。

●「実現する」と暗示し続ければ、本当に「実現する」

天風が教える願望実現法は、次の手順からなる。

◎心に願望を描く。

心をスクリーンに見立てる。ここに想像力を駆使して願望（求むるところのもの）を描く。文字ではなく、映像としてできあがったイメージを描くと効果的。

◎「実現する！　実現する！」と暗示し続ける。

願望のイメージが潜在意識に浸透するまで、暗示を怠らない。すると、結晶のように信念が固まり、現実として姿を現す。

秘訣は、自己暗示法を用いること。手鏡に映った自分に向って、自己暗示の言葉（「○○が実現する」）をつぶやくのだ。

これだけで十分だが、筆者はもうひと工夫を加えた。次の方法だ。

◎願望を紙に書いて、壁に貼る。

紙を見て自己暗示する。目による暗示だ。筆者がやったのは、願望を文字に書くことであった。が、絵やイメージ写真を用いれば、もっと効果が高まるだろう。

ただひたすら、心を積極的に持ち続ける

造物主（宇宙霊）と自分の生命との結び目を
堅固に保たないと、
病が出たり、不運が来たりする。

●宇宙霊との結び目を堅固にする――運命好転の生き方。

真理瞑想行とは、天風が悟った真理を〝理解〟ではなく、〝自覚〟して受け取るという行修であった。心をきれいにした聴講者の何人かは、パッと一瞬にして悟ることができただろう。では、何を自得したのか。

「宇宙霊と自分の生命との結び目を堅固に保ち、汚してはならない」

ということだ。宇宙真理を悟って人生を築くなら、**不用意に病が出ることはなく、不運が来ることもない**。「坐右箴言」（185ページ）はこのことを教えた誦句である。

宇宙霊には叡智があった。叡智とは創造作用である。この作用によって、森羅万象が創造されると、こんなにも調和した見事な自然界が誕生した。ここには、すべてを完全にしようとする力が働いている。

森羅万象のなかで、人間は頂点に立つ。しかし、ただ漫然と立っているだけでは、人間としての本領を発揮することはできない。雑念や妄念を払って、持って生まれた〝積極精神〟を煥発することだ。そして、進化・向上に貢献すべく、みずからが進化することだ。

「ニッコリする」だけで、心がプラスになる

朝起きると、まず、第一に、ニッコリと笑う。

「今日一日、この笑顔を壊すまいぞ！」

と自分自身に約束する。

●「満面の笑み」で一日を始めよう。

本章を締めくくるにあたって、誰にでもできて、しかも絶大な効果がある〝笑い〟を取りあげよう。――笑いとは、心が晴れ、気持ちを前に向かせる心身の現象である。どんなときも、**笑うだけで心はプラスになる。気持ちが前を向く**。天風は、

「**笑いは無上の強壮剤である、また開運剤である**」（『研心抄』）

と語った。この言葉を裏返すと、「笑いがなければ、エネルギーも湧かず、開運もしない」ということだ。

天風会の修練会では、**食事の際に、三回笑う**ことが恒例になっている。笑いに遠慮は禁物。堂々と大きな声で笑う。すると、腹筋が大きく動き、消化吸収がよくなる。気分が爽快になり、食事が楽しくなる。食事だけではない。天風は、笑いを生活に取り入れた。笑う効果に着目した先人であろう。

右の言葉は、笑顔づくりの秘訣を語ったものだ。笑顔が出にくい状況でこそ、あえて笑う。朝起きたての眠いときにニッコリ笑う。暗くボーッとした表情だと、挨拶がボソボソになる。幸運をつかみ損ねないためにも、満面の笑みで一日を始めよう。

運命の誦句

今を感謝し、今を歓喜する――そんな気持ちを持てば、宇宙霊の力を受け入れる通路が開かれる。感謝と歓喜こそは、運命を変える鍵である。もともと宇宙霊の力は、人間の生命のうえに湧き出ようと待ち構えているのだ。
だから、つね日ごろ、何事に対しても、感謝と歓喜の気持ちをできるかぎり多く持つならば、宇宙霊が与える最高のものを受け取ることができるのだ。

〈原文〉およそ宇宙の神霊は、人間の感謝と歓喜という感情でその通路を開かれると同時に、人の生命の上に迸《ほとばし》り出ようと待ち構えて居る。
だから　平素出来るだけ何事に対しても、感謝と歓喜の感情をより多くもてば、宇宙霊の与えたまう最高のものを受けることが出来るのである。（後略）

坐右箴言

私は、今やもう、何事も怖れない。その根拠は、どこにあるのか。――この世界にも、この人生にも、不完全というものがないからだ。この宇宙には、すべてを完全にしようとする力が働いている。これが、宇宙真理である。

この真理を信じて、信念を煥発し、加えて努力するなら、何事でも成就する。願望があれば、かなうのだ。

だから、たとえ肉体が病に冒されても、心まで冒されてはいけない。たとえ運命にマイナスがあっても、心までマイナスになってはいけない。そうではなく、一切の苦しみを、なお楽しみとするよう、心に強さを持たせよう。

宇宙霊と直接つながっているものは心である以上、その結び目は断然汚さないようにしよう。結び目を汚すとは、消極的になることだ。だから、積極一貫でいこう。このことを、厳かに自分自身に約束しよう。

〈原文〉私は最早《もはや》何事をも怖れまい。それはこの世界並びに人生には、いつも完全ということの以外に、不完全というもののないよう宇宙真理が出来て居るからである。

否　この真理を正しく信念して努力するならば、必ずや何事と雖《いえど》も成就する。

（中略）たとえ身に病があっても、心まで病ますまい。たとえ運命に非なるものがあっても、心まで悩ますまい。否一切の苦しみをも　なおたのしみとなす強さを心にもたせよう。

神と直接結ぶものは心である以上、その結び目は断然汚《け》がすまい事を、厳そかに自分自身に約束しよう。

想像力の誦句

宇宙霊は、いつも私たちを、私たちが想像した観念のとおりの世界に嘘偽りなく導き入れるよう、その準備をし尽くしている。

だから、心して、想像の作用をこの人生で応用することだ。このことは、幸福の楽園への〝よき案内者〟をつくったのと同じである。

それゆえ、私は、できるかぎり実現可能な高級なる想像の設計図を心に描こう――はっきり、明瞭に。ただし、どんなことがあっても、夢にも自分の生命を腐らせ、泥ぬるような価値がないことは想像しないでおこう。

〈原文〉（前略）神は、常に吾々を吾々の想像する観念通りの世界へと、真実に導き入れるべく　その準備を尽されて居る。

だから心して想像の作用を正確に応用すれば、それはとりもなおさず　幸福の楽園へのよき案内者を作ったのと同様である。

かるが故に、私は能う限り可能的で高級なる想像の絵を心に描こう……ハッキリと明瞭に……但しどんな事があっても、夢にも自分の生命を腐らし泥ぬる様な価値のない事は想像するまい。（後略）

一念不動の誦句

私は、最も正しい事柄のなかから、自分の願望を定めよう。

そして、どんなことがあっても、信念と誠を貫くのだ。

動かざること山のごとき〝盤石《ばんじゃく》の信念〟をもって願望を実現させよう。

脈々として流れが尽きないあの長い川のように、始めから終わりまで絶えることなき〝熱烈な誠〟をもって願望を実現させるのだ。

これら二つのもの（信念と誠）でもって、願望実現するまでいささかも変更することなく、日々、刻々、はっきりと心のなかに怠《おこた》ることなく連想していこう。

〈原文〉私は　私の求むる処のものを、最も正しい事柄の中に定めよう。そしてそれをどんな事があっても、動かざること山の如き盤石の信念と、脈々として流れ尽きざるあの長い川の如く、一貫不断の熱烈なる誠をもって、その事柄の実現するまで些《いささ》かも変更することなしに、日々　刻々　ハッキリと心の中に怠りなく連想して行こう。（後略）

6章

「宇宙真理」の言葉——真理は自分のなかにある

人生を支配する「絶対法則」がわかる

先の3章では、「生きる側面」について見てきた。6章では観点を反転させて、「生かされている側面」に焦点を当てたい。

人間は、地球環境に生かされている。なりより、社会という人間集団に生かされている。天風哲学では、一人ひとりが天風の教えを自覚し、その累積によって社会に貢献するという図式が語られる。しかし語られるのはこの程度で、社会に生かされているという側面は薄弱である。では、天風が言う〝**生かされている**〟とは何か。

宇宙霊に生かされているということだ。人間は大宇宙の構成員であり、進化・向上に貢献すべき存在だ。この観点から、天風は、人間がこの世（現象界）に生まれてきた意義や使命を明らかにする。

また、**昨日より今日、今日より明日へと自分を向上させるとき、宇宙霊からエネルギーと叡智が注がれる**と教える。これが宇宙霊に〝生かされている〟ということだ。

そして、この力を得て、前へ前へと積極的に歩み続ける意義が説かれる。

このように、天風哲学の特徴は、他力(宇宙霊)からの支援による〝大きな自力〟で堂々と歩んでいくところにある。

では、天風哲学において、社会に生かされているという側面は、なぜ薄弱なのか。人間社会の〝真理〟は、その社会や時代に制約されたものだ。これに対して、天風が求めようとしたものは、社会や時代に制約されない〝人生に絡まる宇宙真理〟であった。つまり、**相対的な真理ではなく、絶対的な真理**であった。

このように、天風の関心が後者にあり、ここから生き方を説こうとしたために、相対的に社会への関心が低くなったのであろう。

本章の末尾には、「宇宙真理」に関する天風誦句を掲げた。次の五点である。

◎大偈《たいげ》の辞――宇宙霊とのかかわりを自覚した誦句。

◎人間本質自覚の誦句――潜勢力を呼び起こすという自覚をうながす誦句。

◎統一箴言《しんげん》――宇宙霊とのつながりを信じる誦句。

◎理想の誦句――理想を描いて完全な人生をつくることを説いた誦句。

◎修道大悟《しゅうどうたいご》の誦句――宇宙真理を自覚し、心眼を開いて進む誦句。

人生を支配する法則を知ろう

理入行法なるものは、
無念無想の入定行《にゅうじょうぎょう》なるものを行って、
人生に絡まる宇宙真理を瞑想自悟《じご》すること。

『叡智のひびき』

●きれいな心で「天風の悟り」を受け取る。

ヨーガの里で、天風は瞑想をしていた。聖者カリアッパ師から、

「お前はこの世で何をするために生まれたのか、考えよ」

と、課題を与えられたのだ。最初に天風が考えたことは、「この人生において、生きる意味は何か」ということだ。が、答えは出てこない。天風は、問い方を変えた。

「この大宇宙のなかで、自分が生きる意味は何か」

生きる意味を問う土俵を〝自分の人生〟から〝大宇宙〟へと拡大させた。こうしてつかんだ悟りが〝人生に絡まる宇宙真理〟だ。だから、天風の悟りには、つねに宇宙霊が絡んでいた。聴講者はきれいな心になって、天風の悟りを受け取る。このとき、**長い眠りから目覚めたような覚醒感**がある。この悟り方を〝**理入**〟という。

右の言葉の大意――「理入（真理に悟り入ること）とは、無念無想の境地に入るための入定行《にゅうじょうぎょう》(安定打坐法)を行ない、きれいな心で〝人生に絡まる宇宙真理〟を瞑想（真理瞑想行）によってみずから悟ることである」

本章では、天風がつかみ取った、人生に絡まる大宇宙の法則を見ていこう。

「自分を疑う」から、不安になる

心を澄まし、
山の中で考えていくうちに
魂の夜明けがきた。

●〝人生の真理〟は、科学ではなく、霊性心によってつかむ。

天風が悟るのに、最大の障壁となったのは〝科学教育〟だったという。

「科学はまず疑いの方面から、物を考えようとする」（『運命を拓く』）

と指摘。つまり、証拠が必要なのだ。仮説と検証（証拠）を積みあげて成果を出すのが科学である。だから、科学で解明できる世界に対しては、これほど有効な方法論はない。科学文明の発達によって、現代社会は大きな恩恵を蒙《こうむ》っている。

科学の有効性を、天風は誰よりもわかっていた。それだけに、科学では解明できない世界が残ることも知っていた。**科学は万能ではない**ということだ。

「現代の人間ほど、諸事万端、他人事《ひとごと》ばかりでなく、自分のことまで疑って人生を活きる悪い心持ちを持っているのは、科学教育の余弊だ」（同書）

と天風。**疑うという方法論を拡大して〝人生〟にまで適用するから、生きることに不安が発生する。**ヨーガの里での修行において、天風の意識は科学教育が重んじた〝理性〟を超越していった。そして、〝霊性〟へと深化していき、天風は〝人生に絡まる宇宙真理〟を悟った。これが、魂の夜明けとなった。

「人間の本質」とは何か？

自然界と称する
眼に見える宇宙ができあがるまでには、
眼に見えない宇宙が存在していた。

●人間が自然界の頂点に立つ理由とは？

天風による宇宙の始まりの物語を話そう。

最初に、**先天の一気（宇宙霊）**があった。それは眼に見えない宇宙であった。宇宙霊というのは、天風が仮につけた名だ。これを、創造主と呼んでもいいし、宇宙の根本主体と呼んでもいい。もっと身近に、神や仏と名づけてもいい。天風哲学では、〝宇宙霊〟と名づけたにすぎない。

「宇宙霊なるものは、霊智（霊妙な叡智）ある大生命である」（『運命を拓く』）と天風は言う。霊智を持った宇宙霊の働きは、進化・向上に向けて、創造してやまない。創造への意志が、森羅万象を産んだ。これを分派という。無限の分派によって、眼に見える宇宙が誕生した。この宇宙が、現象界（自然界）だ。その美しさは、霊妙な叡智なくして創造できなかったものであろう。

現象界（自然界）の頂点に立つのが、人間である。天風は、人間の尊厳の根拠を〝霊性〟に求めた。**人間の本質は、霊（霊魂）**だ。だから人間は、宇宙霊と最も近い存在だと天風は考えたのだ。

「大宇宙の精気」をたっぷり吸収する

空気の中に気があるのではない。
気の中に空気が作られている。

●空気中の〝活力〟を吸収して、生命力を旺盛にする。

空気なくして、人間は生き続けることができない。大気圏という環境のなかで、空気に生かされて生きている。高山に登るだけで、空気は薄くなる。宇宙では、生身の人間は生きられない。

宇宙霊が創造したこの大宇宙には、気が充満している。空気は、わずかに地球のまわりを取り巻いているにすぎない。つまり、「万物創造の霊妙な働きをなす気が空気を作り、この気の中に空気が作られている」（『運命を拓く』）ということだ。

このことは、何を意味するのか。私たちは、空気を吸って生きているだけでなく、**気によって生かされている**ということである。天風哲学では、気（精気）のなかに〝活力（プラナ）〟が存在しているとして、**「活力吸収法《プラナヤマ》の誦句」**を唱える。

「この大宇宙の精気の中には、吾ら人間の生命エネルギーを力づける活力なるものが、隈《くま》なく遍満《へんまん》存在している。（中略）四肢の末端に至るまで、深甚《しんじん》なる感謝をもって、思う存分吸収しよう」（『天風誦句集』）

気の存在に気づいて、これを意識的に吸収することで、生命力は旺盛になる。

「長く、強く、深く」生きる法

森羅万象と称するものは、
宇宙本体（宇宙霊）のエネルギーの
分派によってつくられている。

『力の結晶』

●すべては宇宙霊につながっている。

現象界（自然界）のすべてのものが、宇宙霊からの分派である。分派とは、分かれ出たものということ。宇宙霊から無限に分派して、森羅万象が産み出された。ランダムに分派したのではない。霊智によって、それぞれが絶妙な存在として創造された。**人間も宇宙霊から分派した存在**だ。個々人の側から見たとき、分派とは、一人ひとりの命の誕生を意味する。直接的には、両親から誕生したかもしれない。が、人類そのものが宇宙霊からの分派である。

分派した個々の人間には、巨大な力が備わっている。肉体の力だけではない。生命の奥に〝潜勢力〟を蓄え、すべての人が**病や運命を跳ね飛ばす力**をもって誕生した。天風は、与えられた生命力を完全に発揮して、①長く、②強く、③広く、④深く生き、理想の人生を全うすることを望んで〝心身統一法〟を編みだした。

やがて、そのときがやってくると、人は宇宙霊へと還元（帰霊）していく。還元とは死を意味する。永遠なる生命は宇宙霊だけであり、天風は〝実在〟と呼んだ。これに対して、宇宙霊から生じたすべての生滅するものを〝存在〟と呼んでいる。

宇宙真理の言葉 50

「積極的な人」にだけ、宇宙は味方する

真理というものには
同情はない。

●「宇宙から応援される」生き方。

宇宙霊は、進化・向上へと創造し続けてやまない。

今も、その途上にある。永遠の途上だ。宇宙霊が産んだ森羅万象は、新陳代謝のように分派と還元をくり返しながら、進化し、向上している。

前へ前へと進んでいくその性質は〝積極〟である。この大宇宙と同じように、人間においても積極心（たとえば、向上心や向学心など）を持って、みずからの人生を創造しようとするとき、宇宙エネルギーが大量に注がれる。

これが**宇宙から応援される生き方**である。

逆に、消極的に生きるとき、宇宙エネルギーは注がれない。悩んで、悩んで、悩み切って衰弱し、消極的になっている人がいたとしよう。宇宙霊は、「可哀そうだから、生きるエネルギーを分けてあげよう」とするだろうか。決してしない。**宇宙霊がエネルギーを注ぐのは、積極的な人にだけ**。この事実を天風は、右の言葉——「真理というものには同情はない」と表現した。

悩むことは大切なことだ。が、一定期間悩んだら、その後は、顔をあげることだ。

あなたも「大いなる力に守られている」

自分の生命の背後には、見えないけれども
宇宙霊が、自分を抱き締めるように、
自分と共に在るんだ！

●「ひとりぼっちではない」——この信念を持って、強く生きる。

人間の生命は宇宙霊とつながっている。だから、誰だって孤独ではないはずだ。仮に、あなたが孤独を感じたとしても、その背後では**宇宙霊がいつもあなたを守っている**。このことを天風は、

「不孤《こならず》（ひとりぼっちではない）」

と表現した。紀元前に活躍した孔子の言葉に、

「徳は孤ならず、必ず隣あり（徳不孤　必有鄰）」（『論語』里仁篇）

というのがある。「人徳がある人はひとりぼっちではない、必ず応援してくれる人がいる」という意味だが、これは人道レベルでの教えだ。天風は人道を超え、生命レベルで人は孤立していないと断言した。

社会や集団のなかでは孤立することもあるだろう。親しかった人がひとり、二人と離れていくこともあるだろう。しかし、**どんなときでも大いなる生命とつながっている**。孤独を感じても顔をあげ、積極心へと転換するだけで、宇宙エネルギーが注がれる。ひとりぼっちではない（孤ならず）——この信念を持てば、人は強くなれる。

神仏には「頼らない。感謝する」

神仏というものは、崇《あが》むべきもの、
尊《たっと》ぶべきもの、いわゆる尊敬するべきもので、
頼るべきものじゃない。

『力の結晶』

●宇宙霊には感謝して、みずからの力を信じる。

神仏（宇宙霊）は、すがったり、頼ったりする対象ではない——これが天風哲学の立場である。天風は〝祈り〟を大切にしたが、その内容は〝**感謝**〟であった。

人間にはもともと積極精神が備わっている。生来的に与えられた積極精神を発揮し、宇宙霊から注がれたエネルギーと、身のうちから湧きあがる潜勢力によって、道を切り拓くのが天風哲学である。

ところが多くの人は、何か事が発生すると、すぐに神仏にすがろうとする。

「志望校に合格させてください」

「病を治してください」

と、祈っているのは、自己本位な事柄だ。天風哲学を知らないうちなら、他力（神仏）にすがるのもしかたがない。だが、ひとたび天風哲学を学び、生命力を旺盛にする方法を知ったなら、その後は**みずからの力を信じること**だ。自分を信じる心が揺らがなければ、道は拓ける。これができるのは〝自覚〟した人だけ。何年も天風哲学を学びながら神仏にすがっている人は、天風の教えを〝理解〟しているにすぎない。

「生かされて、生きる人生」を始める

どこまでも生かされる人生であっちゃいけない、
生きる人生でなきゃいけない。

『力の結晶』

●〝生かされて生きる〟――それが天風哲学。

天風哲学が説くのは、**自力の人生**である。しかし、自分の肉体の力が頼りという〝小さな自力〟ではない。天風が教えたのは〝生かされて生きる〟人生であり、他力をも含んだ〝大きな自力〟の生き方だ。

右の言葉を言い換えると、次のようになる。

「どこまでも神仏（宇宙霊）にすがり、〝助け〟を求める人生であっちゃいけない。宇宙霊（他力）にパワーを与えてもらったなら、自助努力によって運命を拓く〝大きな自力〟の人生でなきゃいけない」

天風が〝生かされて生きる〟ことを悟ったのは、ヨーガの里での修行によってだ。それまでの天風は、みずからの力を頼りに、小さな自力で生きていた。

ところが、若くして肺結核を患うと、心の弱さを自覚。この問題に立ち向かおうと欧米に渡った天風は、やがてヨーガの里で、宇宙霊（他力）が力を与えてくれていたことを悟って感謝する。天風がたどった人生は、「生きる人生（小さな自力）→生かされる人生（他力）→**生かされて生きる人生（大きな自力）**」という流れであった。

強く信じれば、実現したも同じこと

「実現する！」と断定したときには、
その事柄は、霊の世界においては、
もはや実在となっている。

●霊の世界の〝存在〟は、いずれ現象界で〝形〟になる。

私たちは、眼に見える宇宙のなかにいる。これが現象界（自然界）だ。天風によれば、この宇宙ができる前は、眼に見えない宇宙があったという。このことはすでに述べたとおり。（196ページ）

今も、現象界と重なるようにして、眼に見えない宇宙――霊の世界がある。

「実現する！」

と、断定したとき、その願望のイメージは潜在意識に送られ、宇宙霊に届けられる。このとき、眼に見えない霊の世界では、**すでに願望は実現している**。後は、現象界において**〝形〟になるのを待つだけ**だ。

こんな話がある。病に倒れた作家を見舞おうと、病室を訪れた編集者。作家は、「書きとめてくれるかい」と、エッセイを口述筆記させた。作家の頭のなかにあった原稿は、眼には見えないが、すでに存在していた。あとは、編集者が筆記して、現象界において〝形〟にするだけだった。この話と似ている。

霊の世界で〝存在〟したものは、いずれ現象界において〝形〟になっていく。

願望は「映像化する」と実現する

心の鋳型《いがた》の中へと
エネルギーが流れ込み、
予期した状態を作り出す。

●心とは、願望実現するための〝鋳型〟である。

鋳型とは、鋳物をつくる容器（型）のこと。この容器に熔かした金属を注いで鋳物をつくる。天風は、願望実現も鋳物づくりと同じだと教える。

右の言葉の大意はこうだ。「心に鋳型（願望のイメージ）を描くと、この型のなかに材料となる宇宙エネルギーが流れ込み、型どおりの鋳物がつくり出される」

二つの留意点がある。

◎宇宙エネルギーの受け入れ口を大きく開く——流し込む材料が不足すると、鋳物は中途半端なものになる。受け入れ口を大きくするには、積極であることだ。

◎**精巧なイメージを描く**——曖昧な鋳型では、わけのわからない鋳物ができるだけ。心に思い描いた型が完全であれば、願望どおりのものが現象界に誕生する。

天風は、想像力を応用して、**心に念願する事柄をはっきり映像化**しなさい、とアドバイスした。思い続けると、宇宙霊は実現に向けて働き始める。ところが、途中で自信がなくなり、大丈夫かなと疑うと、鋳型は崩れてしまう。実現するまで持ちこたえる精巧な鋳型が決め手だ。そのために欠かせないのが、信念である。

気高い目標を立てよう

気高い気持ちの欲望から出た意欲と、
卑しい気持ちから出た意欲とは、
その結果が全然価値の上に相違が来る。

『力の結晶』

●どんな目標を抱くかよりも、「志の気高さ」が大切。

右の言葉の「気高い気持ちの欲望」とは、霊性心を満足させる欲望のこと。また、「卑しい気持ちから出た意欲」とは、本能心から発した意欲を指す。

「同じ目標を目指していても、それが霊性心から発した意欲か、本能心から発した意欲かによって、その結果はまったく違ったものになる」

これが右の言葉の大意だ。どんな目標を立てたとしても、「本能心→理性心→霊性心」という段階の、**どの意識レベルの意欲かによって結果は異なる**、ということ。

ここに、政治家を目指す二人の人物がいたとしよう。霊性心から政治家を目指した人は、**世のため、人のため**になりたいと考えるだろう。そんな人物は成功する。人々の支持が得られるからだ。他方で、本能心から目指した人は、自己顕示欲や権力欲を満たすために政治家になりたいだけ。そんな人は賄賂に弱く、思わぬ落とし穴にはまりやすい。政治家だけではない。経営者でも、どんな仕事でもそうだ。

目標は目標でも、霊性心で抱いた目標を〝理想〟と呼ぶ。天風は、「**つねに高潔な理想を心に抱くことに努めよう**」（「理想の誦句」225ページ）と呼びかけている。

知恵を出して、楽しく生きる

この世に悩むために来たのではないだろう。
進化と向上という宇宙法則を現実化するために、
この世に生まれてきた。

●積極的に生きる。それだけで使命を果たしている。

宇宙霊から分派した人間は、生命が向かっている〝進化・向上〟を助成する使命がある、と天風は考えた。人間生命も、宇宙霊という大生命も、生命の方向性はひとつ。**前へ前へと進化・向上してやまない**ことだ。

決して、悩んだり、心配したり、悲観するために、この世に生まれたのではない。使命を自覚して、積極的に生き、創造性を発揮する。前者の〝積極的〟とは、「何でもプラスに受け取った方が得だから……」といった、功利的なものではない。生まれながらに積極精神が備わった人間には、積極的に生きることが自然な営みなのだ。

また、〝創造性〟とは、知恵を発揮すること。もし、仕事を〝お金儲けの手段だ〟とだけ考える人がいたら、その人は人間の使命を自覚していない。仕事以上に、家事は創造性を発揮できる最高の現場である。何事にも知恵を発揮し、**創造することほど、楽しいことはない**。――真理瞑想行の解説も終わりに近づいた。〝人生に絡まる宇宙真理〟をひと通り見てきた今、あなたは人生転換の門に立っている。そこで、読んでいただきたい結びの誦句がある。**門出を祝う「修道大悟の誦句」**（226ページ）だ。

「大切なもの」は、自分のなかにある

人間は元来生れると同時に
本分なるものを先天的に有しているのだから、
他を探すにも、また求むるにも及ばない。

『安定打坐考抄』

「真理は自分のなかにある」――これが真理瞑想行の本質。

ヨーガの里で、天風は瞑想をしていた。瞑想のなかで天風が悟った〝真理〟を、本章では見てきた。では、真理はどこにあったのか。どこを探せばいいのか。――答えは、右の言葉にある。大意を示しておこう。

「人間はもともと、生まれながらにして、本性（霊性、本心）というものが先天的に備わっている。だから、ほかのどこかに真理を探そうとしたり、求めたりするには及ばない。みずからのうちに先天的に備わった本性を悟って、そこに落ち着くことが真理に悟り入る（＝理入する）ということにほかならない」（この原文は、『安定坐打考抄』のなかで示された〝理入の定義〟についての一部である）

真理瞑想行とは、**自分を見つめる**ことである。人は宇宙霊の分派であり、みずからのうちに、宇宙霊とのつながりを発見することができる。ところが、宇宙霊と自分を分離して、外に思いを巡らせてばかりいたら、真理の自得には至らないだろう。

真理はみずからのうちにある。みずからのうちに悟り入ることを、理入（真理に悟り入ること）という。理入が真理瞑想行の本質である。

大偈《たいげ》の辞

来る日も、来る日も、ヨーガの里で修行していたある日のこと。

「ああ、そうだ!!」

と、感動の声が生命の奥底からほとばしる。宇宙真理を悟ったのだ。

眼に見える宇宙ができる前に、眼に見えない宇宙があった。眼に見えない宇宙とは、先天の一気だけの宇宙。この気を〝宇宙霊〟と呼ぼう。

宇宙霊から森羅万象が分派された。私は今、森羅万象の構成員として、宇宙霊のなかにいる。宇宙霊と強くつながったとき、人には〝力〟と〝叡智〟が注がれる。

「私の生命は、宇宙霊の大いなる生命とつながっている」

このことが実感された。宇宙霊のなかには、生命の躍動を阻害する〝健康を害するもの〟や〝運命を悪くするもの〟は存在しない。宇宙霊の生命は、無限だからだ。この高揚感のなかで、私は誓う。

「誠と、愛と、調和した気持と、安心と、勇気によって、ますます宇宙霊との結び目を堅固なものにしよう」と。


〈原文〉あゝそうだ!!

吾が生命は神仏（宇宙霊）の生命と通じて居る。

神仏の生命は無限である。

そして　不健康なるものや不運命なるものは、神仏の生命の中には絶対にない
（中略）だから　誠と愛と調和した気持と、安心と勇気とで、ますます神仏との結び目を堅固にしよう。

人間本質自覚の誦句

宇宙霊から最も力を与えられた存在が、人間である。だから、万物の霊長と呼ばれる。人は万物の霊長として、宇宙霊が保持する〝無限の力〟と結びついた〝潜勢力〟を心の奥に蓄え持っている。

だからして、

いやしくも真人たらんとするなら、人として為すべき道、真《まこと》の道を進むことだ。なのに、やるべきこともやらないで、外界の何かを求めてはならない。他力に「助けてくれ」とすがってはならない。なぜか。

人の心の奥には、〝潜勢力〟という驚くほど絶大な力が、いつも人生を素晴らしいものに建設しようと、潜在意識のなかで待機しているからだ。つまり、この力を呼び起こせば、何かに頼ることもなく、病に立ち向かい、運命を好転させることができる。これが、人としてやるべきことだ。

この力を働かせるには、どんな場合も、心を虚に（心に雑念や妄念を起こさず）、気を平らに（波風が立たないように）することである。これが虚心平気であり、最も積極的な境地である。だから、ほかに心をふり向けず、ただ〝潜勢力〟を発揮させようとすることだ。

〈原文〉人は万物の霊長として、宇宙霊のもつ無限の力と結び得る奇《く》しき働きをもつものを、吾が心の奥に保有す。

かるが故に、

かりにも真人たらんには、徒《いたず》らに他に力を求むる勿れである。

人の心の奥には、潜在勢力という驚くべき絶大なる力が、常に人の一切を建設せんと　その潜在意識の中に待ち構えて居るが故に、如何なる場合に於ても　心を虚《きょ》に　気を平《たいら》にして、一意専心この力の躍動を促進せざるべからず。

統一箴言《しんげん》

人間は、この大宇宙の造物主たる宇宙霊から分派した存在だ。だから、人間の生命は、宇宙霊の生命と一体である。つまり、宇宙霊と人間とはつながっている。そのつながりを通じて、人間の心は、宇宙霊の力を自己の生命へと思うまま受け入れる働きを持っている。

私は今、世のため人のために、何事かを創造しようという熱い情熱で燃えている。このように心を燃やしていれば、いつか、宇宙霊は私に〝何をなすべきか〟を教えてくれるに決まっているのだ。

〈原文〉人の生命は、宇宙の創造を司《つかさ》どる宇宙霊（神仏）と一体である。そして人の心は、その宇宙霊の力を　自己の生命の中へ思うがままに受入れ能《あた》う働きをもつ。（中略）

私は今　人の世のために何事をか創造せんと欲する心に燃えて居る。そしてかくの如くに心を燃やして居れば、いつかは　神は私に何を為すべきかを教えたまう

にきまって居る。（後略）

理想の誦句

人の生命は、つねに見えない宇宙霊の力に包まれている。

だから、宇宙霊が持つ万能の力も、わが生命のなかに存在している。これこそもっともな理《ことわり》である。

この真理、この事実を絶対に信じて、つねに高潔な理想を心に抱くことに努めよう。

そうすれば、宇宙真理の当然の帰結として、必ずや完全なる人生をこの手でつくることができるのだ。

〈原文〉人の生命は　常に見えざる宇宙霊の力に包まれて居る。

従って　宇宙霊のもつ万能の力もまた、我《わが》生命の中に当然存在して居るのである。

（中略）

この真理と事実とを絶対に信じ、恒に高潔なる理想を心に抱くことに努めよう。さすれば　宇宙真理の当然の帰結として、必ずや完全なる人生が作為される。（後略）

修道大悟《しゅうどうたいご》の誦句

真理瞑想行を終えるにあたって、まず第一に知っておかなければならないこととは、何であろうか。〝人生に絡まる宇宙真理〟であった。それは奥深く玄妙なる真理である。ほんとうにこの真理を自覚して、正しく厳かに実践するならば、あえて求めなくても肉体は健康であり、運命は順境に置かれる。

しかもだ。心より喜ぶべきことは、そのすぐれた真理（天風哲学）と方法（心身統一法）を、私たちはおどりあがるような感動とともに、この手に掴んでいるということだ。嗚呼《ああ》、なんという幸い、なんという恵みだろう。この幸いと恵みを、そもそも何をもって喩えることができようか。いや、できはしまい。

ふり返ってみれば、次から次へと発生する人生上の煩悶や悩み。これらに苦しめられた年月は、どれほどのものであったことか。

今や私は、一切の迷妄から覚めたようにパッと目が開け、人生転換の大いなる道への入り口に立っている。心の眼はすでに開いている。その行く先には、花吹雪舞いあがる輝かしい人生が期待できるのだ。さあ、この門をくぐって大いなる道を歩もう。わが心は、ただひたすら、言い表わすことができないほどの喜びに勇み立っている。

〈原文〉（前略）先ず第一に知らねばならぬことは、人生に絡《から》まり存在する幽玄微妙なる宇宙真理なり。

誠やこの自覚を正しく厳《おごそ》かになし得なば、敢て求めずとてもその身を健《すこ》やかに、その運命を和《なご》やかにするを得ん。（中略）しかも心より喜ばんかな、吾等今や正に雀躍《こおどり》する感激に咽《むせ》びつつこの妙諦《みょうてい》とその手段とを知れり。あゝこの幸い　この恵み！　そも何をもってかたとえん。

顧みれば、転々として人生の悶えと悩みに苦しみしこと幾年月!!　今やわれ茲《ここ》に豁然《かつぜん》として無明《むみょう》の迷いより覚め、自覚更生《こうせい》の大道に入るの関門に立ち、心眼既《すで》に

開けて行手《ゆくて》に栄光繚乱《りょうらん》たる人生を望み得し今日、吾が心はただひたすらに言い
能わざるの　限りなき欣びに勇みたつ。（後略）

参考文献

読みやすくするために一部の漢字をひらがなにし、送りがなや句読点を整理した。また、意味を損なわない範囲で、文章を約めた。本書の性格上、天風の言葉として掲げた多くは『運命を拓く』による。

■中村天風の著・述

◎『運命を拓く』（講談社）、『力の結晶』（PHP研究所）——真理瞑想行において語られた「真理の言葉」の記録。

◎『天風誦句集』（天風会）——本書で掲げた天風誦句については、この本を底本にした。

◎『安定打坐考抄』『研心抄』（天風会）、『叡智のひびき』（講談社）、『成功の実現』『盛大な人生』（日本経営合理化協会出版局）

■本書と関連する拙著紹介

◎『中村天風　怒らない　恐れない　悲しまない』（三笠書房）——心身統一法の各技法を詳しく紹介。この本とあわせて読んでいただくことで、天風哲学の全体像がわかる。
◎『中村天風　めげない　ひるまない　立ちどまらない』（三笠書房）――天風哲学を、力、積極、信念、運命の四つの観点から解き明かした書。本書を側面から支える。
◎『中村天風「自力」で運命を動かせ』（清談社 Publico）――理入と行入、自力と他力、安定打坐法など、本書で取り上げた基本概念が詳述されている。
◎『中村天風　折れないこころをつくる言葉』（イースト・プレス）――天風の一五〇の言葉を解説したもの。本書では、これらの言葉との相互関連性を意識した。
◎『キーワードでわかる！　中村天風事典』（ＰＨＰ研究所）――初の本格的な天風事典。用語を定義するにあたって、この本を多々参照した。

■その他の参考文献
◎堀尾正樹「『天風瞑想録』の編集を進めて」（『志るべ』１６８号、天風会）
◎沢庵宗彭（池田諭訳）『不動智神妙録』（徳間書店）

中村天風《なかむらてんぷう》『運命《うんめい》を拓《ひら》く』を読《よ》む

著　者——池田　光（いけだ・ひかる）
発行者——押鐘太陽
発行所——株式会社三笠書房
〒102-0072 東京都千代田区飯田橋3-3-1
電話：(03)5226-5734（営業部）
：(03)5226-5731（編集部）
https://www.mikasashobo.co.jp
印　刷——誠宏印刷
製　本——若林製本工場

ISBN978-4-8379-2970-3 C0030